**Jakob Gremmelmaier**

# Verifizierung der Güte und Aussagekraft von verteilungsgestützten Marktpreisrisikomodellen

## Eine empirische Untersuchung

**Gremmelmaier, Jakob: Verifizierung der Güte und Aussagekraft von verteilungsgestützten Marktpreisrisikomodellen: Eine empirische Untersuchung. Hamburg, disserta Verlag, 2014**

Buch-ISBN: 978-3-95425-637-2
PDF-eBook-ISBN: 978-3-95425-636-5
Druck/Herstellung: disserta Verlag, Hamburg, 2014
Covermotiv: © carlosgardel – Fotolia.com

**Bibliografische Information der Deutschen Nationalbibliothek:**
Die Deutsche Nationalbibliothek verzeichnet diese Publikation in der Deutschen Nationalbibliografie; detaillierte bibliografische Daten sind im Internet über http://dnb.d-nb.de abrufbar.

© disserta Verlag, Imprint der Diplomica Verlag GmbH
Hermannstal 119k, 22119 Hamburg
http://www.disserta-verlag.de, Hamburg 2014
Printed in Germany

# Inhaltsverzeichnis

# Abbildungsverzeichnis

# Tabellenverzeichnis

# Abkürzungsverzeichnis

| | |
|---|---|
| AG | Aktiengesellschaft |
| DAX | Deutscher Aktienindex |
| Inc. | Incorporated |
| Ind. | Industrial |
| ISIN | International Securities Identification Number |
| IT | Informationstechnologie |
| KGaA | Kommanditgesellschaft auf Aktien |
| min. | minimal |
| NQ-Plot | Normal-Quantil-Plot |
| QQ-Plot | Quantil-Quantil-Plot |
| SE | Societas Europaea |
| VaR | Value-at-Risk |

# Symbolverzeichnis

| | |
|---|---|
| $a$ | Y-Achsenabschnitt einer Geraden |
| $\hat{a}$ | Kleinstquadrat-Schätzer für Y-Achsenabschnitt einer Geraden |
| $\alpha$ | Konfidenzniveau |
| $b$ | Steigung einer Geraden |
| $\hat{b}$ | Kleinstquadrat-Schätzer für Steigung einer Geraden |
| $i$ | Vermögensposition |
| $n$ | Anzahl an Beobachtungen |
| $n_p$ | Quantile der Normalverteilung |
| $\mu$ | Erwartungswert |
| $p$ | Quantil |
| $P$ | Preis |
| $r$ | Logarithmische Rendite |
| $R$ | Arithmetische Rendite |
| $R^2$ | Bestimmtheitsmaß |
| $\hat{s}$ | Standardabweichung der Empirie |
| $\hat{s}^2$ | Varianz der Empirie |
| $\sigma$ | Standardabweichung |
| $\phi$ | Dichtefunktion der Standardnormalverteilung |
| $\Phi$ | Verteilungsfunktion der Standardnormalverteilung |
| $t$ | Zeitpunkt |
| $u$ | Variable |
| $x$ | Empirische Beobachtung |
| $x_p$ | Quantile der Empirie |
| $\bar{x}$ | Arithmetisches Mittel |
| $X$ | Variable |
| $Y$ | Variable |
| $z_p$ | Quantile der Standardnormalverteilung |
| $Z$ | Variable |

# 1 Einleitung

## 1.1 Motivation

Im Jahr 2007 ereigneten sich Turbulenzen auf dem US-amerikanischen Immobilienmarkt, in deren Folge die Insolvenz der Investmentbank Lehman Brothers Inc. im September 2008 eine globale Finanzkrise und einen weltweiten konjunkturellen Abschwung auslöste. Die Konsequenzen sind noch bis in die Gegenwart an der kaskadenartigen Entwicklung von der US-amerikanischen Immobilienkrise über eine weltweite Bankenkrise bis hin zu einer inter-nationalen Staatsschuldenkrise zu erkennen.

Im Zuge der Insolvenz der Investmentbank Lehman Brothers Inc. kam es im September 2008 zu überdurchschnittlich hohen Kursverlusten an den weltweiten Aktienbörsen. So gab bspw. der US-amerikanische Leitindex Dow Jones Industrial Average binnen diesen Monats 5,96%[1] und der Deutsche Aktienindex (DAX) 30 9,65%[2] nach.

Grundsätzlich wird von der Prämisse ausgegangen, dass Aktienkursperformances normalverteilt sind. Demnach sollten derart signifikante Börsencrashs oder Kursrückgänge sehr selten auftreten.

## 1.2 Zielsetzung

Ziel der vorliegenden Studie ist die Verifizierung der gängigen verteilungsgestützten Risikomodelle von Marktpreisrisiken hinsichtlich ihrer Gültigkeit und Genauigkeit. Die Modellierungen durch den Value-at-Risk, mit den Berechnungsmethoden Varianz-Kovarianz-Ansatz und Monte-Carlo-Simulation, basieren auf der Annahme der Normalverteilung von Aktienrenditen. Im Verlauf der Studie wird untersucht, ob diese Prämisse in den letzten Jahren für den

---

[1] Eigene Berechnung, Daten: www.finanzen.net.
[2] Eigene Berechnung, Daten: www.finanzen.net.

deutschen Leitindex DAX 30 zutrifft. Als Ergebnis sollte sich ableiten lassen, inwiefern in der zurückliegenden Finanzkrise die Risikomodelle die Risiken wahrheitsgemäß abbilden und adäquat bewerten.

## 1.3 Vorgehensweise

Zunächst erfolgt in Kapitel 2 ein Überblick über die grundlegenden Begrifflich-keiten und Zusammenhänge zum Thema Marktpreisrisiko. Im dritten Kapitel werden die finanzmathematischen und statistischen Grundlagen vermittelt, die in den späteren Kapiteln angewendet werden. Es handelt sich dabei neben der Renditeberechnung um Grundlagen zu statistischen Verteilungen sowie um Instrumente für deren Verifizierung. Der Value-at-Risk als Instrument zur Bewertung von Risiken wird im anschließenden Kapitel vorgestellt. Außerdem erfolgt eine Beschreibung der Berechnungsmethoden des Value-at-Risk mit Beleuchtung von ihren Stärken und Schwächen. Im darauffolgenden Kapitel werden die Schritte und Methoden zur empirischen Überprüfung der normalver-teilungsbasierten Risikomodelle erörtert. In Kapitel 6 werden nach der durchge-führten Analyse, die Auswertung und Interpretation der Ergebnisse vorgenom-men. Mit einer Zusammenfassung der Resultate und einem damit verbundenen Ausblick wird das Buch im siebten Kapitel abgerundet.

## 1.4 Literatur und Datenquellen

Für die Darstellung der theoretischen Zusammenhänge wird vorwiegend auf Literatur zum Thema Controlling und Risikomanagement, aber auch auf statisti-sche und finanzmathematische Lehrbücher zurückgegriffen. Ein wesentlicher Teil der Studie besteht aus der empirischen Analyse und der statistischen Auswertung sowie der Weiterverarbeitung historischer Aktienkurs
daten. Die historischen Datenreihen werden von der frei zugänglichen Quelle finanzen.net[3], dem Finanzportal der Axel Springer AG, im Internet bezogen. Die

---

[3] Anmerkung: Zusatzinformationen zum Finanzportal finanzen.net können dem Internetauftritt www.finanzen.net entnommen werden.

Zeitreihen umfassen Daten vom 02.01.1998 bis zum 08.10.2013, welche den Datenstand der vorliegenden Studie bilden.

# 2 Marktpreisrisiko

## 2.1 Risikobegriff im Allgemeinen

In der Literatur ist keine einheitliche Definition des Begriffs Risiko zu finden. Das Risiko bezieht sich laut einer engen Definition „auf die Möglichkeit von negativen künftigen Entwicklungen der wirtschaftlichen Lage eines Unternehmens."[4]

Es kann zwischen drei gängigen Auffassungen von Risiko differenziert werden: der extensiven, der informationsorientierten und der entscheidungsbezogenen Risikodefinition. Laut dem extensiven Risikoverständnis wird das Risiko „als eine schicksalshafte, negative Begleiterscheinung jeder unternehmerischen Tätigkeit"[5] interpretiert. Es erfolgt hierbei keine Analyse von möglichen Ursachen oder Einflussmöglichkeiten. Bei der informationsbezogenen Risikodefinition gilt eine Entscheidungen zugrunde liegende, unvollkommene Informationsversorgung als riskant.[6] Die mangelnden Informationen betreffen dabei „die Arten und Anzahl von Umweltzuständen, Eintrittswahr-scheinlichkeiten und Handlungsalternativen."[7] Abschließend besteht als Weiterentwicklung der entscheidungsbezogene Ansatz; das Risiko wird dabei als die Entscheidungsfähigkeit von Akteuren verstanden. Diese haben zur „Aufgabe, Ursachen und Wirkungen von Risiken so gut wie möglich vorherzusehen, d.h. das Ausmaß einer Verfehlung .. gesetzter Ziele abzu-schätzen."[8]

Teilt man die „Auffassung, dass Risiko nur mit negativen Auswirkungen verbunden ist, spricht man vom >>reinen<< Risiko."[9] Es wird demzufolge „als unerwünschte negative Abweichung von einer Zielgröße betrachtet und somit das Gefährdungspotential für das Unternehmen in den Mittelpunkt der Betrachtun-

---

[4] Fischer, T. M./ Möller, K./ Schultze, W. (2012), S. 484.
[5] Fischer, T. M./ Möller, K./ Schultze, W. (2012), S. 484.
[6] Vgl. Fischer, T. M./ Möller, K./ Schultze, W. (2012), S. 484.
[7] Fischer, T. M./ Möller, K./ Schultze, W. (2012), S. 484.
[8] Fischer, T. M./ Möller, K./ Schultze, W. (2012), S. 484.
[9] Fischer, T. M./ Möller, K./ Schultze, W. (2012), S. 484.

gen gerückt."[10] Sollten auch die positiven Abweichungen Berücksichtigung finden, „so entsteht ein um Chancen erweiterter Risikobegriff, der sowohl die Unterschreitungen, als auch die Übererfüllung des Ziels umfasst."[11] Im Folgenden wird jedoch von dem mit negativen Auswirkungen verbundenen Risikobegriff Gebrauch gemacht.

## 2.2 Marktpreisrisikoarten

Marktpreisrisiken gilt es „sorgfältig von anderen finanziellen Risiken abzugrenzen"[12]: Die Kreditrisiken oder die Liquiditätsrisiken sind als solche finanzielle Risiken zu nennen.[13] In der vorliegenden Studie werden jedoch ausschließlich Marktpreisrisiken betrachtet.

Marktpreisrisiken resultieren aus „Marktpreisänderungen, was bedeutet, dass alle Instrumente, die auf Märkten gehandelt werden, solchen Risiken ausgesetzt sind."[14] Im Speziellen ist unter dem Marktpreisrisiko das Risiko einer Wertminderung, welches aus Marktbewegungen resultiert, bei eingegangenen,

offenen Positionen zu verstehen.[15] Es existieren verschiedene Arten von Marktpreisrisiken. Die folgende Graphik bietet diesbezüglich einen ersten knappen Überblick:

---

[10] Kästner, M. (2012), S. 8.
[11] Fischer, T. M./ Möller, K./ Schultze, W. (2012), S. 484-485.
[12] Weber, F. (2001), S. 130.
[13] Vgl. Wolke, T. (2007), S. 100.
[14] Weber, F. (2001), S. 130.
[15] Vgl. Enthofer, H./ Haas, P. (2012), S. 947.

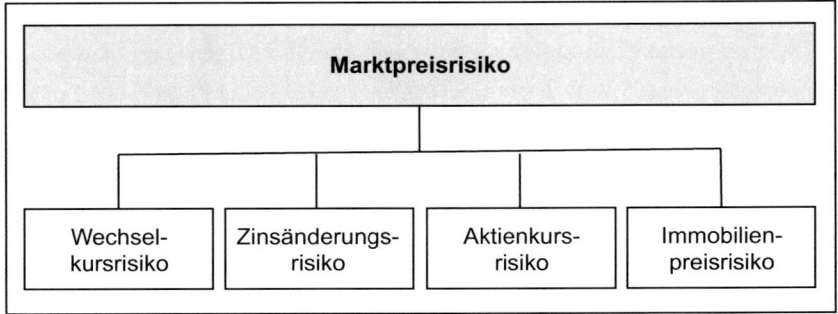

**Abbildung 1: Übersicht Marktpreisrisikoarten[16]**

In den vier anschließenden Teilabschnitten werden die verschiedenen Marktpreisrisikoarten mit ihren jeweiligen Charakteristika detaillierter beschrieben.

### 2.2.1 Wechselkursrisiko

Unter dem Wechselkursrisiko versteht man „die negative Abweichung von einer geplanten Zielgröße (Vermögen, Gewinn) aufgrund unsicherer zukünftiger Entwicklungen der Wechselkurse."[17] Gerade bei international aufgestellten, importund exportorientierten Unternehmen ist diese Risikoart von Bedeutung.[18]

Die unterschiedlichen Ausprägungsformen des Wechselkursrisikos werden in der folgenden Darstellung visualisiert:

---

[16] Eigene Darstellung, Vgl. Wolke, T. (2007), S. 100.
[17] Wolke, T. (2007), S. 129.
[18] Vgl. Wolke, T. (2007), S. 101.

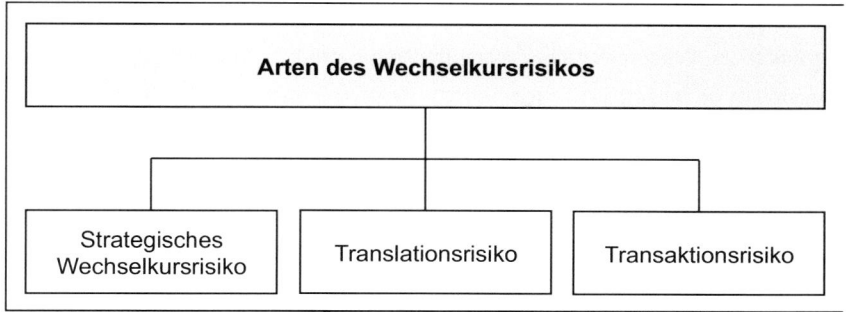

**Abbildung 2: Übersicht Wechselkursrisikoarten[19]**

Das strategische Wechselkursrisiko wird durch fundamentale Veränderungen von Wechselkursen verursacht.[20] Dadurch kann „die zukünftige Wettbewerbs-fähigkeit exportorientierter inländischer Unternehmen dauerhaft gefährde[t]"[21] werden. Bei dieser Risikoart geht es vordergründig um „die Langfristigkeit und die Dauerhaftigkeit eines bestimmten Wechselkursniveaus."[22]

Das Translationsrisiko beinhaltet Risiken aus der Währungsumrechnung von internationalen Konzernen, also buchwertbezogene Umrechnungsrisiken. Diese Risiken treten bspw. beim Prozess der „Konsolidierung der Jahresabschlüsse von ausländischen Tochtergesellschaften in den Jahresabschluss einer heimi-schen Muttergesellschaft"[23] auf. Für die Bewertung der Fremdwährungs-positionen der Tochtergesellschaften werden die Stichtagswechselkurse herangezogen.[24] Folglich ist das Translationsrisiko kein klassisches Wechsel-kursrisiko, da auf Konzernebene kein Schaden entsteht, sondern es lediglich zu Verschiebungen von bestimmten Positionen innerhalb eines Konzerns kommt.[25]

---

[19] Eigene Darstellung, Vgl. Wolke, T. (2007), S. 131.
[20] Vgl. Wolke, T. (2007), S. 129.
[21] Wolke, T. (2007), S. 129.
[22] Wolke, T. (2007), S. 129.
[23] Kästner, M. (2012), S. 83.
[24] Vgl. Kästner, M. (2012), S. 83.
[25] Vgl. Wolke, T. (2007), S. 129-130.

Das Transaktionsrisiko umfasst offene Devisenpositionen, welche aufgrund von veränderten Wechselkursen Werteinbußen erleiden können.[26] Die offenen Positionen umfassen „sowohl bereits gestellte Rechnungen, deren Begleichung mit einem Zahlungsziel versehen noch aussteht, als auch bereits feststehende Zahlungsströme aus vertraglichen Vereinbarungen."[27] Zusätzlich sind auch Terminrisiken zum Transaktionsrisiko zu zählen, „die durch das zeitliche Auseinanderfallen verschiedener Devisenpositionen entstehen können."[28] Vordergründig beschreibt das Transaktionsrisiko „die Kurzfristigkeit und die Volatilität der Wechselkurse."[29]

### 2.2.2 Zinsänderungsrisiko

Dieses Risiko umfasst die „marktbedingte[n] Vermögensrisiken .., die entweder in Form von Zinsüberschussund/oder Barwertrisiken auftreten."[30] Das Zinsänderungsrisiko hat Auswirkungen auf verschiedene Positionen der Bilanz und der Gewinnund Verlustrechnung.[31]

Beim Zinsänderungsrisiko können die Zinsänderungen nicht unmittelbar in eine analoge Vermögensänderung umgerechnet werden.[32] Es wird mittels Veränderungen des Barwertes[33] bestimmt, welcher sich heute aufgrund der Genauigkeit und Aussagekraft zur Steuerung des Zinsänderungsrisikos durchgesetzt hat.[34] „Der Barwert einer Zinsposition ist die Summe der mit den laufzeitabhängigen Kapitalmarktzinsen diskontierten vertraglich vereinbarten Cash Flows .. der Zinsposition auf den Zeitpunkt heute."[35] Je nach „Laufzeit einzelner Zahlungen

---

[26] Vgl. Wolke, T. (2007), S. 130.
[27] Kästner, M. (2012), S. 83.
[28] Wolke, T. (2007), S. 130.
[29] Wolke, T. (2007), S. 130.
[30] Wolke, T. (2007), S. 102.
[31] Vgl. Wolke, T. (2007), S. 101.
[32] Vgl. Wolke, T. (2007), S. 141.
[33] Anmerkung: Zusatzinformationen zur Bewertung von verzinslichen Wertpapieren sind in folgendem Titel zu finden: Steiner, M./ Bruns, C./ Stöckl, S. (2012), S. 140-143.
[34] Vgl. Wolke, T. (2007), S. 102.
[35] Wolke, T. (2007), S. 104.

haben Änderungen im Diskontierungszinssatz unter-schiedliche Auswirkungen auf den Barwert einer"[36] Position.

„Für die Behandlung des Zinsänderungsrisikos sind drei Grundformen der Zinsstruktur an den Kapitalmärkten bedeutend."[37] Grundsätzlich divergieren die Marktzinssätze in Abhängigkeit von der Laufzeit. Es werden demnach „am Geldund Kapitalmarkt .. abhängig von der Restlaufzeit ... unterschiedliche Renditen"[38] gezahlt. Dieser Zusammenhang zwischen Laufzeit und Rendite wird graphisch durch die Zinsstruktur bzw. Zinsstrukturkurve dargestellt.[39] Dabei unterscheidet man die normale, die flache und die inverse Zinsstruktur-kurve:[40]

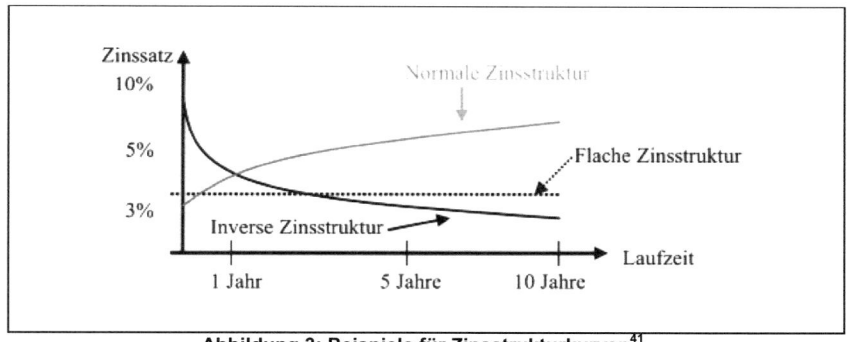

**Abbildung 3: Beispiele für Zinsstrukturkurven[41]**

Eine normale Kurve liegt vor, wenn für kurze Laufzeiten niedrige Zinsen und für lange Laufzeiten höhere Zinsen am Markt verlangt werden. Eine flache Zins-struktur weißt für jedes Jahr gleich hohe Zinssätze auf. Die inverse Zinsstruktur ist das Gegenteil der normalen Zinsstruktur, sprich für kurze Laufzeiten sind

---

[36] Hirschbeck, T. (1998), S. 108.
[37] Wolke, T. (2007), S. 104.
[38] Hirschbeck, T. (1998), S. 108.
[39] Vgl. Wolke, T. (2007), S. 104.
[40] Vgl. Wolke, T. (2007), S. 104.
[41] Wolke, T. (2007), S. 105.

hohe Zinsen zu bezahlen und für lange Laufzeiten werden niedrige Zinssätze verlangt.[42]

Bei der Zinsstrukturkurve lässt sich bezüglich des Zinsänderungsrisikos zwischen einer Veränderung des Zinsniveaus, also einer Parallelverschiebung der Zinskurve und einer Drehung der Zinskurve differenzieren.[43] Allerdings sind „Zinsänderungen für die unterschiedlichen Bereiche der Zinsstrukturkurve .. nicht vollständig positiv korreliert, d.h. Zinsänderungen weisen nicht für alle Laufzeiten das gleiche Ausmaß und die gleiche Richtung auf."[44] „Die Veränderung der Zinsstrukturen an den Kapitalmärkten stellen insbesondere für Banken ein zentrales Problem bei der Behandlung des Zinsänderungsrisikos dar."[45]

Beim Zinsänderungsrisiko ist zwischen direkten und indirekten Auswirkungen von Marktzinsänderungen zu differenzieren. Die direkten Auswirkungen betreffen verzinsliche Positionen, wie etwa festverzinsliche Wertpapiere. Indirekte Auswirkungen betreffen Bewertungszwecke, wie bspw. Unternehmensbewertungen[46], wofür ebenfalls Marktzinsen verwendet werden.[47] Als Konsequenz „können neben anderen Einflussgrößen gestiegene Marktzinsen im Rahmen der Unternehmensbewertung (durch stärkere Diskontierung der Cash Flows) zu einem gesunkenen Unternehmenswert und somit auch zu einem Vermögensverlust des ganzen Unternehmens führen."[48]

### 2.2.3 Aktienkursrisiko

Das Aktienkursrisiko ist definiert als „negative Abweichung von einer geplanten Zielgröße (Vermögen, Gewinn) aufgrund unsicherer zukünftiger Entwicklungen

---

[42] Vgl. Wolke, T. (2007), S. 104-105.
[43] Vgl. Enthofer, H./ Haas, P. (2012), S. 947.
[44] Hirschbeck, T. (1998), S. 109.
[45] Wolke, T. (2007), S. 105.
[46] Anmerkung: Zusatzinformationen zur Bewertung von Unternehmen sind in folgendem Titel zu finden: Ernst, D./ Häcker, J. (2011), S. 359-516.
[47] Vgl. Wolke, T. (2007), S. 101.
[48] Wolke, T. (2007), S. 101.

der Aktienkurse."[49] Hierunter sind die durch Kursschwankungen von Aktientiteln entstandenen Risiken zu verstehen.[50] Nicht zu den beschriebenen Schwankungen zählt ein möglicher Totalverlust. Dieser ist statt im Marktpreisrisiko im Kreditrisiko angesiedelt.[51]

„Ein allgemeiner Anwendungsbereich des Aktienkursrisikos, insbesondere auch für Nichtbanken, stellt die Messung, Steuerung und Analyse des Aktienkursrisikos für Beteiligungsportfolios im Finanzanlagevermögen dar."[52] Hierbei steht der Aufbau von strategischen Beteiligungen, also Mitspracherechten in Unternehmen, im Vordergrund und „i. d. R. nicht die Erzielung von Aktienkursgewinnen."[53]

Das Aktienkursrisiko kann dabei auf Grundlage der Portfoliotheorie gesteuert werden.[54] Diese Theorie wird allerdings in der vorliegenden Untersuchung nicht diskutiert.[55]

### 2.2.4 Immobilienpreisrisiko

Das Immobilienpreisrisiko ist „die negative Abweichung von einer geplanten Zielgröße (Vermögen, Gewinn) der Immobilienkapitalanlage aufgrund unsicherer zukünftiger Entwicklungen des Immobilienmarktes."[56] Zum Immobilienpreisrisiko werden jedoch nur als Kapitalanlage angeschaffte Immobilien und nicht selbst genutzte Immobilien gezählt.[57] Folglich „steht nicht die Selbstnutzung im Vordergrund, sondern die Wertentwicklung und mögliche Rückflüsse (etwa durch Mieteinnahmen)."[58] „Signifikant wird die Gefahr eines Wertverlustes

---

[49] Wolke, T. (2007), S. 141.
[50] Vgl. Enthofer, H./ Haas, P. (2012), S. 947.
[51] Vgl. Wolke, T. (2007), S. 141.
[52] Wolke, T. (2007), S. 141.
[53] Wolke, T. (2007), S. 141.
[54] Vgl. Wolke, T. (2007), S. 101.
[55] Anmerkung: Zusatzinformationen zur Portfoliotheorie sind in folgendem Titel zu finden: Steiner, M./ Bruns, C./ Stöckl, S. (2012), S. 6-20.
[56] Wolke, T. (2007), S. 150.
[57] Vgl. Wolke, T. (2007), S. 101.
[58] Wolke, T. (2007), S. 150.

durch die hohe Kapitalbindung und damit verbundenen geringen Diversifikationsmöglichkeiten durch Investitionen in verschiedene Objekte."[59] Außerdem sind eine lange Nutzungsdauer und eine beschränkte Fungibilität (geringe Liquidität[60]) für die Kapitalanlage in Immobilien charakteristisch.[61]

Diese Risikoart spielt für Unternehmen im Allgemeinen keine so tragende Rolle wie etwa das Zinsänderungsrisiko oder das Aktienrisiko.[62] Dennoch konnte man gerade in den letzten Jahren „im Zuge der Immobilienpreisblase in den Vereinigten Staaten"[63] erkennen, dass dieses Risiko nicht unerheblich ist.

## 2.3 Management von Risiken

Nachdem in den vorherigen Abschnitten Kenntnisse über die verschiedenen Marktpreisrisikoarten vermittelt wurden, geht es in diesem Abschnitt um das Management von Risiken im Allgemeinen. Diese (allgemein gehaltenen) Gedanken gelten ebenfalls für Marktpreisrisiken und sind dementsprechend übertragbar.

„Die Bedeutung des betriebswirtschaftlichen Risikomanagements zu betonen ist in Anbetracht der täglichen Informationen über Unternehmensinsolvenzen und anderen Krisen nicht nötig."[64] Durch ein Risikomanagementsystem soll das erfolgreiche Fortbestehen eines Unternehmens demnach gesichert werden.[65]
Im engeren Sinne umfasst das Risikomanagement die Steuerung der gesamten, bewusst eingegangenen Risikopositionen.[66] Die Auswirkungen sind „zu identifizieren, zu analysieren und zu bewerten sowie abhängig von ihrer Wirkung auf die Vermögens-, Finanz und Ertragslage des Unternehmens einer an

---

[59] Kästner, M. (2012), S. 89.
[60] Vgl. Fugger, H. (2007), S. 77.
[61] Vgl. Kästner, M. (2012), S. 90.
[62] Vgl. Wolke, T. (2007), S. 150.
[63] Kästner, M. (2012), S. 89.
[64] Wolke, T. (2007), S. 1.
[65] Vgl. Kästner, M. (2012), S. 8.
[66] Vgl. Rudolph, B./ Johanning, L. (2000), S. 17.

das Gefährdungspotential angepassten Steuerung zu unterziehen."[67] Diese Steuerung „erfolgt im Rahmen einer Grobplanung durch Zuweisung von Risikokapital an die Geschäftsbereiche (Limitund Anreizsystem zur Risiko-allokation undsteuerung) sowie im Rahmen des operativen Risiko-managements durch das Tagesgeschäft im konkreten Aufbau und Abbau von Positionen."[68] Das Ziel ist hierbei die Realisierung von Erträgen mit einer kontrollierten Risikobegrenzung.[69]

Im weiteren Sinn ist auch das Risikocontrolling zum Risikomanagement zu zählen. In dessen Rahmen sind „die verschiedenartigen Risiken zu identifizieren und zu erheben, in geeigneter Weise messbar zu machen, laufend zu bewerten und zu kontrollieren."[70] Die strategische Risikoallokation ist ebenfalls eine Aufgabe des Risikocontrollings.[71]

Um einen Risikomanagementprozess wirksam einzuführen, werden von dem Management vorweg „eine Reihe von Unternehmenszielen definier[t] und kommunizier[t], die mit dem Risikomanagement erreicht werden sollen."[72] Hierzu zählt auch die Risikotoleranz oder Risikoaversion, „die z.B. bei der Vergabe von Risikokapital, also bei der gleichzeitigen Festlegung der Limithöhe und der Überschreitungswahrscheinlichkeit zum Ausdruck gebracht werden kann."[73]

Neben den auf das Risikomanagement bezogenen Unternehmenszielen muss das Management ebenfalls definieren, „mit welchem Maßstab Risiken zu messen sind."[74] Aufgrund der aufsichtlichen Anerkennung hat sich der Value-at-

---

[67] Kästner, M. (2012), S. 8.
[68] Rudolph, B./ Johanning, L. (2000), S. 17.
[69] Vgl. Rudolph, B./ Johanning, L. (2000), S. 17.
[70] Rudolph, B./ Johanning, L. (2000), S. 17.
[71] Vgl. Rudolph, B./ Johanning, L. (2000), S. 17.
[72] Rudolph, B./ Johanning, L. (2000), S. 19.
[73] Rudolph, B./ Johanning, L. (2000), S. 20.
[74] Rudolph, B./ Johanning, L. (2000), S. 19.

Risk (VaR) derzeit als Instrument durchgesetzt.[75] Dieser wird in *Kapitel 4 Risikomodellierung mittels Value-at-Risk* näher vorgestellt.

---

[75] Vgl. Rudolph, B./ Johanning, L. (2000), S. 19.

# 3 Finanzmathematische und statistische Grundlagen

In diesem Kapitel werden die Grundlagen vermittelt, die im späteren Verlauf des vorliegenden Buches dem Verständnis der Risikomodellierung und der statistischen Analyse der historischen Aktienkurse dienen.

## 3.1 Renditeberechnung

Die Rendite bildet den entsprechenden Erfolg oder Misserfolg einer Kapitalanlage ab und kann damit positiv oder negativ sein. In der Finanzökonomie wird in der Regel die Betrachtung oder Analyse von Renditen gegenüber den Preiso- der Kursverläufen vorgezogen. Für diesen Aspekt können sowohl ökonomische, als auch mathematische Gründe genannt werden. Die Vergleichbarkeit von Renditen verschiedener Investments in unterschiedlichen Währungen, Märkten und Produkten ist aus ökonomischer Sichtweise ein Argument für die Verwendung von Renditegrößen. Aus mathematischer Sicht sprechen statistische Eigenschaften für die Renditen.[76]

Für die Ermittlung von Renditen dienen Preise eines Investments, bspw. Anleihenoder Aktienkurse zu verschiedenen Zeitpunkten. Für die richtige Interpretation einer Renditeangabe ist der betrachtete Zeitraum anzugeben, wie Tages-, Wochen-, Monatsoder Jahresrendite.[77] Für die Definition von Renditen bestehen zwei Möglichkeiten: „zum einen als arithmetische Wachstumsraten oder relative Preisänderungen, zum anderen als geo-metrische Wachstumsraten oder logarithmische Preisänderungen."[78]

---

[76] Vgl. Weber, F. (2001), S. 20-21.
[77] Vgl. Weber, F. (2001), S. 21.
[78] Weber, F. (2001), S. 21.

### 3.1.1 Arithmetische Rendite

Bei der Berechnung der arithmetischen Rendite, auch einfache Rendite genannt, $R_t$ eines Investments wird die Differenz zwischen dem Preis $P$ zum Zeitpunkt $t$, $P_t$, und zum Zeitpunkt $t$-1, $P_{t-1}$, durch den Preis zum Zeitpunkt $t$-1, $P_{t-1}$, dividiert:[79]

$$R_t = R_{t-1,t} = \frac{P_t - P_{t-1}}{P_{t-1}}.$$

### 3.1.2 Logarithmische Rendite

Bei der Berechnung der logarithmischen (geometrischen) Rendite $r_t$ eines Investments wird der Quotient des Preises der Anlage zum Zeitpunkt $t$, $P_t$, und zum Zeitpunkt $t$-1, $P_{t-1}$, gebildet und davon der Logarithmus berechnet:[80]

$$r_t = r_{t-1,t} \equiv \ln \frac{P_t}{P_{t-1}}.$$

Der Vorteil der logarithmischen Rendite gegenüber der arithmetischen Rendite ist deren Additivitätseigenschaft.[81] Die Summe der logarithmischen Teilrenditen der anteiligen Zeiträume ergibt die logarithmische Gesamtrendite über den Gesamtzeitraum.[82]

Diese Eigenschaft ist ein Grund dafür, warum Finanzmathematiker die logarithmische Rendite der arithmetischen Rendite vorziehen.[83] Im weiteren Verlauf der vorliegenden Studie wird ausschließlich mit der logarithmischen Rendite gearbeitet.

---

[79] Vgl. Weber, F. (2001), S. 21.
[80] Vgl. Weber, F. (2001), S. 22.
[81] Vgl. Adelmeyer, M./ Warmuth, E. (2005), S. 55.
[82] Vgl. Weber, F. (2001), S. 22.
[83] Vgl. Adelmeyer, M./ Warmuth, E. (2005), S. 55.

## 3.2 Parameter zur Beschreibung von Verteilungen

### 3.2.1 Arithmetisches Mittel

Das arithmetische Mittel oder der Mittelwert $\overline{x}$ ist ein Lageoder Lokalisationsmaß zur Beschreibung des Zentrums einer statistischen Verteilung.[84] Das arithmetische Mittel berechnet sich für die Elemente einer Urliste $x_1$, $x_2$,..., $x_n$ aus deren Summe dividiert durch deren Anzahl $n$:[85]

$$\overline{x} = \frac{1}{n}\sum_{i=1}^{n} x_i.$$

Das arithmetische Mittel weißt eine Schwerpunkteigenschaft auf. Dies bedeutet, dass „die Summe der Abweichungen der Werte von ihrem arithmetischen Mittel verschwindet."[86] In Formelschreibweise bedeutet das:

$$\sum_{i=1}^{n} (x_i - \overline{x}) = 0.$$

Somit stellt das arithmetische Mittel den Schwerpunkt der Daten auf der Zahlengeraden dar.[87] Es dient im weiteren Verlauf der vorliegenden Studie der Analyse der logarithmisch ermittelten Aktienkursrenditen und zeigt deren mittlere Rendite auf.

Das arithmetische Mittel $\overline{x}$ entspricht von der Bedeutung her dem Erwartungswert $\mu$.[88] Es wird im weiteren Verlauf der Untersuchung synonym als Erwar-

---

[84] Vgl. Schira, J. (2009), S. 43.
[85] Vgl. Frost, I. (2012), S. 25.
[86] Frost, I. (2012), S. 26.
[87] Vgl. Frost, I. (2012), S. 26.
[88] Vgl. Fahrmeir, L. et al. (2011), S. 92.

tungswert $\mu$[89] bezeichnet, da dieser expliziter Bestandteil theoretischer Verteilungsannahmen ist.

### 3.2.2 Standardabweichung

Die Standardabweichung $\tilde{s}$, bzw. ihr Quadrat, die Varianz $\tilde{s}^2$, dienen als Streuungsparameter zur Demonstration von Schwankungen um das arithmetische Mittel einer statistischen Verteilung.[90] Die Varianz wird als „mittlere quadratische Abweichung vom arithmetischen Mittel"[91] bezeichnet. Der Grund für die Quadrierung der Abweichungen liegt „darin, als sich andernfalls die positiven und negativen Abweichungen gegenseitig aufheben und so die tatsächliche Streuung nicht gemessen würde."[92] Die Formelschreibweise lautet:

$$\tilde{s}^2 = \frac{1}{n}\sum_{i=1}^{n}\left(x_i - \overline{x}\right)^2.$$

Handelt es sich um empirische Häufigkeitsdaten, wird im Nenner (Anzahl der Beobachtungen) $n$ durch $n$-1 ersetzt; diese Form wird auch Stichprobenvarianz genannt:[93]

$$\tilde{s}^2 = \frac{1}{n-1}\sum_{i=1}^{n}\left(x_i - \overline{x}\right)^2.$$

Die Standardabweichung entspricht der Quadratwurzel der Varianz:[94]

$$\tilde{s} = \sqrt{\tilde{s}^2}.$$

---

[89] Anmerkung: Laut Fahrmeir, L. et al. (2011), S. 242, entspricht der Erwartungswert formal dem arithmetischen Mittel der mit den Wahrscheinlichkeiten (relativen Häufigkeiten) gewichteten möglichen Werte $x_i$.
[90] Vgl. Frost, I. (2012), S. 35.
[91] Schira, J. (2009), S. 53.
[92] Enthofer, H./ Haas, P. (2012), S. 995-997.
[93] Vgl. Fahrmeir, L. et al. (2011), S. 70-71.
[94] Vgl. Fahrmeir, L. et al. (2011), S. 70.

„In der Finanzwelt spricht man anstelle von Standardabweichung häufig von der Volatilität."[95] Sie dient in einem späteren Abschnitt der Analyse von Aktienkursrenditen und zeigt die Schwankung um die erwartete Rendite der Aktienkurse auf.[96] Die Standardabweichung kann daher als Messgröße für das Risiko eines Investments in Form der Abweichung der tatsächlichen von der erwarteten Rendite verstanden werden.[97]

Die empirische Standardabweichung $\tilde{s}$ entspricht von ihrer Bedeutung her der Standardabweichung $\sigma$.[98] Sie wird im weiteren Verlauf der Untersuchung synonym als Standardabweichung $\sigma$[99] bezeichnet, da diese expliziter Bestandteil theoretischer Verteilungsannahmen ist.

### 3.2.3 Quantile

Ein weiteres Instrument zur Charakterisierung der Streuung von Daten sind die Quantile.[100] Die Quantile bilden die Ausprägungen einer Zufallsgröße ab, „die mit einer speziellen Wahrscheinlichkeit über- bzw. unterschritten werden."[101] Demnach heißt „ein Wert $x_p$ mit $0 < p < 1$ .. $p$-Quantil."[102] Dies entspricht der angesprochenen Teilung einer statistischen Datenreihe, sodass „mindestens ein Anteil $p$ der Daten kleiner/gleich $x_p$ und mindestens ein Anteil $1-p$ größer/gleich $x_p$ ist."[103] Somit gilt folgender Sachverhalt:[104]

$$\frac{Anzahl\,(x-Werte \leq x_p)}{n} \geq p.$$

[95] Enthofer, H./ Haas, P. (2012), S. 997.
[96] Vgl. Hirschbeck, T. (1998), S. 115.
[97] Vgl. Fischer, T. M./ Möller, K./ Schultze, W. (2012), S. 520.
[98] Vgl. Fahrmeir, L. et al. (2011), S. 92.
[99] Laut Fahrmeir, L. et al. (2011), S. 248-249, erfolgt hier im Gegensatz zur empirischen Varianz im Nenner keine Modifikation durch $n$-1.
[100] Vgl. Fahrmeir, L. et al. (2011), S. 64.
[101] Albrecht, P./ Maurer, R. (2008), S. 127.
[102] Fahrmeir, L. et al. (2011), S. 65.
[103] Fahrmeir, L. et al. (2011), S. 65.
[104] Vgl. Fahrmeir, L. et al. (2011), S. 65.

$$\frac{Anzahl(x-Werte \geq x_p)}{n} \geq 1-p.$$

Die Quantile liefern damit „einen differenzierten Einblick in die Wahrscheinlich-keitsbelegung."[105] Sie werden im folgenden Abschnitt bei der Beschreibung von statistischen Verteilungen angewendet.

## 3.3 Spezielle statistische Verteilungen

### 3.3.1 Normalverteilung

Die Normalverteilung stellt „die bekannteste und wichtigste Verteilung in der Statistik"[106] dar. Sie bietet die Möglichkeit der Modellierung von zufälligen Abweichungen vom Sollwert und kommt in verschiedenen Gebieten zum Einsatz. So wird in der Finanzwirtschaft die Prämisse der Normalverteilung von logarithmischen Renditen vertreten.[107] Normalverteilungen lassen sich „durch eine spezielle Formel für die Dichtekurve"[108] definieren:[109]

$$f(x) = \frac{1}{\sigma\sqrt{2\pi}} e^{-\frac{1}{2}\left(\frac{x-\mu}{\sigma}\right)^2}.$$

Die Kurzschreibweise einer normalverteilten Zufallsvariable lautet:[110]

$$X \sim N(\mu;\sigma).$$

---

[105] Albrecht, P./ Maurer, R. (2008), S. 127.
[106] Frost, I. (2012), S. 173.
[107] Vgl. Frost, I. (2012), S. 173.
[108] Fahrmeir, L. et al. (2011), S. 90.
[109] Vgl. Frost, I. (2012), S. 173.
[110] Vgl. Frost, I. (2012), S. 173.

Die zugehörige Verteilungsfunktion vermittelt den Flächeninhalt unter der Dichtefunktion und damit die Wahrscheinlichkeit:[111]

$$F(X) = P(X \leq x) = \int_{-\infty}^{x} f(u)\, du.$$

Mittels der Parameter Erwartungswert $\mu$ und Standardabweichung $\sigma$ lässt sich die Dichtefunktion der Normalverteilung eindeutig festlegen. Wie bereits erwähnt, entsprechen Erwartungswert „$\mu$ und Standardabweichung $\sigma$ in ihrer Bedeutung dem arithmetischen Mittel $\bar{x}$ und der empirischen Standardabweichung $\tilde{S}$ von Beobachtungen $x_1, x_2,..., x_n$ einer Variable $X$."[112]

In der folgenden Abbildung wird die Normalverteilung graphisch visualisiert:[113]

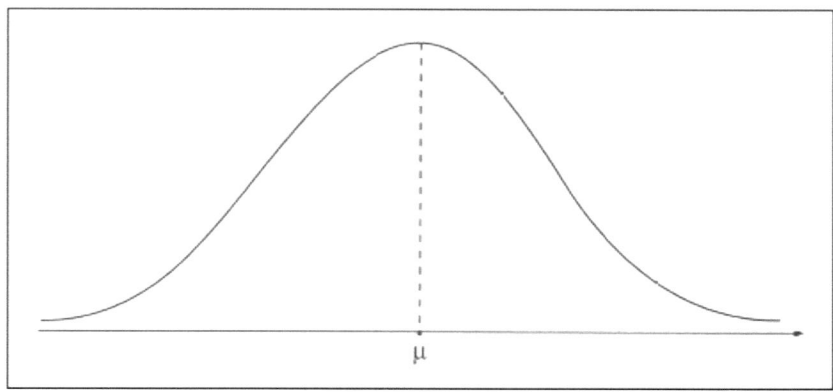

**Abbildung 4: Dichtefunktion der Normalverteilung[114]**

In Folge des glockenförmigen Verlaufs der Kurve und der Symmetrie um das Maximum $\mu$ lassen sich die folgenden Sigma-Bereiche aufstellen:

---

[111] Vgl. Frost, I. (2012), S. 175.
[112] Fahrmeir, L. et al. (2011), S. 92.
[113] Vgl. Albrecht, P./ Maurer, R. (2008), S. 108.
[114] Albrecht, P./ Maurer, R. (2008), S. 108.

| Bereich | Definition | Anzahl Werte von X |
|---|---|---|
| Ein-Sigma-Bereich | $[\mu-\sigma, \mu+\sigma]$ | ca. 68,00% |
| Zwei-Sigma-Bereich | $[\mu-2\sigma, \mu+2\sigma]$ | ca. 95,00% |
| Drei-Sigma-Bereich | $[\mu-3\sigma, \mu+3\sigma]$ | ca. 99,74% |

Tabelle 1: Sigma-Bereiche einer normalverteilten Zufallsvariable[115]

Die Wichtigkeit der Normalverteilung für die Finanzwirtschaft wurde bereits zu Beginn dieses Abschnitts hervorgehoben. Sie dient als Ausgangsbasis für die Gültigkeit vieler Finanzmarktmodelle.[116] Die Bedeutung der Normalverteilung für die Risikomodellierung wird im weiteren Verlauf der Studie erörtert.

### 3.3.2 Standardnormalverteilung

Normalverteilungen können verschiedene Ausprägungen für den Erwartungs-wert und die Standardabweichung aufweisen. Die Standardnormal-verteilung ist eine Standardform für alle diese Normalverteilungen. Sie entspricht einer „Normalverteilung mit den Parametern $\mu = 0$ und $\sigma = 1$."[117] Die standardisierte Variable Z wird aus der Variable X wie folgt ermittelt:[118]

$$Z = \frac{X-\mu}{\sigma}.$$

Die zugehörige Dichtefunktion der standardisierten Variable Z lautet:[119]

$$\phi(z) = \frac{1}{\sqrt{2\pi}} e^{-\frac{z^2}{2}}.$$

Die Kurzschreibweise einer standardnormalverteilten Zufallsvariable lautet:[120]

---

[115] Eigene Darstellung, Vgl. Frost, I. (2012), S. 176-177.
[116] Vgl. Weber, F. (2001), S. 97.
[117] Frost, I. (2012), S. 177.
[118] Vgl. Fahrmeir, L. et al. (2011), S. 92.
[119] Vgl. Frost, I. (2012), S. 177.
[120] Vgl. Frost, I. (2012), S. 177.

$Z \sim N(0;1).$

Die zugehörige Verteilungsfunktion vermittelt den Flächeninhalt unter der Dichtefunktion und damit wiederum die Wahrscheinlichkeit:[121]

$$\Phi(z) = P(Z \le z) = \int_{-\infty}^{z} \phi(u)\, du.$$

Die Standardisierung der Variable „$X$ zur standardisierten Variable $Z$ bewirkt, daß [!] Beobachtungen als Abweichungen vom Mittel $\mu$ und mit der Standardabweichung als Maßeinheit gemessen werden."[122] Nunmehr können sämtliche Berechnungen für die Variable $X$ „auf Berechnungen für die Standardnormalverteilung zurückgeführt werden"[123], bspw. die Berechnung von Quantilen. Hierfür sind Tabellen oder numerische computergestützte Verfahren notwendig, da sich die Quantile „nicht in einfacher Weise durch analytische Formeln bestimmen"[124] lassen. Die folgenden theoretischen Quantile $z_p$ werden beispielhaft angeführt:

| $p$ | 50,00% | 75,00% | 90,00% | 95,00% | 97,5% | 99,00% |
|-----|--------|--------|--------|--------|-------|--------|
| $z_p$ | 0,0 | 0,67 | 1,28 | 1,64 | 1,96 | 2,33 |

Tabelle 2: Quantile der Standardnormalverteilung[125]

Die Quantile $x_p$ der Verteilung $f(x)$ „erhält man aus den Quantilen $z_p$ der Standardnormalverteilung $\phi(x)$ durch die zur Standardisierung inverse lineare Transformation:"[126]

$$x_p = \mu + \sigma z_p.$$

[121] Vgl. Frost, I. (2012), S. 177-178.
[122] Fahrmeir, L. et al. (2011), S. 93.
[123] Fahrmeir, L. et al. (2011), S. 93.
[124] Fahrmeir, L. et al. (2011), S. 93.
[125] Eigene Darstellung, Vgl. Fahrmeir, L. et al. (2011), S. 93.
[126] Fahrmeir, L. et al. (2011), S. 93.

## 3.4 Verifizierung der Normalverteilungsannahme

In der Statistik funktionieren viele Verfahren „dann gut, wenn eine (approximative) Normalverteilung vorliegt."[127] Folglich werden Methoden zur Verifizierung der Normalverteilungsannahme benötigt. Das verwendete Instrument in der vorliegenden Studie ist das Testverfahren der Quantil-Quantil-Plots (QQ-Plots). Bei der Interpretation von QQ-Plots findet auch das Instrument der Regressionsanalyse Anwendung, welches an erster Stelle erläutert wird.

### 3.4.1 Regressionsanalyse

„Die Regressionsanalyse – häufig auch kurz als Regression bezeichnet – ist ein sehr wichtiges statistisches Analyseverfahren."[128] Damit ist es möglich eine Geradengleichung zu bestimmen, die einen funktionalen Zusammenhang zwischen zwei Variablen spezifiziert.[129] Die Ziele der Analyse beinhalten unter anderem:

- Den Nachweis von einer bekannten Beziehung,
- Die Schätzung von Parametern einer funktionalen Beziehung,
- Die Erkennung von funktionalen Zusammenhängen,
- Die empirische Repräsentation von großen Datenmengen.[130]

Dabei sei $X$ die unabhängige oder exogene Variable und $Y$ die abhängige oder endogene Variable.[131] Besteht Interesse an dem „Zusammenhang zweier Merkmale $X$ und $Y$ mit den Ausprägungsvariablen $x$ und $y$, Regressor und Regressand genannt, so wird eine funktionale Beziehung $y = f(x)$ spezifiziert."[132]

---

[127] Fahrmeir, L. et al. (2011), S. 94.
[128] Cleff, T. (2011), S. 147.
[129] Vgl. Frost, I. (2012), S. 77.
[130] Vgl. Hartung, J./ Elpelt, B./ Klösener K.-H. (2005), S. 569.
[131] Vgl. Frost, I. (2012), S. 77.
[132] Hartung, J./ Elpelt, B./ Klösener K.-H. (2005), S. 569.

Das ist gleichbedeutend mit „einer Regression von *Y* auf *X*.“[133] Man zieht zu diesem Zweck eine Stichprobe mit Umfang *n* (auch die Grundgesamtheit ist möglich), deren Elemente folgende Ausprägungskombinationen haben:[134]

$$\left(x_{(1)}, y_{(1)}\right),...,\left(x_{(n)}, y_{(n)}\right).$$

Basierend auf diesen Daten wird der funktionale Zusammenhang *y* = *f(x)* geschätzt.[135] Zur Bestimmung dieses Zusammenhangs wird mittels der Methode der kleinsten Quadrate die Regressionsgerade ermittelt. „Die Methode der kleinsten Quadrate ... bestimmt die Geradenkoeffizienten *a* und *b* so, dass die Summe der quadrierten Abweichungen zwischen den Beobachtungen $y_i$ und den zu $x_i$ gehörenden Werten auf der Geraden minimal wird.“[136]

$$Q(a,b) = \sum_{i=1}^{n}\left(y_i - a - b \cdot x_i\right)^2 \to \min_{a,b}.$$

Die mit dieser Methode geschätzte Gerade heißt Regressionsgerade:[137]

$$\hat{y}_i = \hat{a} + \hat{b} \cdot x_i.$$

Die Regressionswerte lauten: *i* = 1, 2,..., *n*.

„Die Qualität der Anpassung ist umso besser, je dichter die Beobachtungspunkte um die Regressionsgerade streuen.“[138] Eine qualitative Beurteilung der Güte dieses Modells ist durch das Bestimmtheitsmaß $R^2$ möglich. Es „gibt den

---

[133] Hartung, J./ Elpelt, B./ Klösener K.-H. (2005), S. 569.
[134] Vgl. Hartung, J./ Elpelt, B./ Klösener K.-H. (2005), S. 569.
[135] Vgl. Hartung, J./ Elpelt, B./ Klösener K.-H. (2005), S. 569.
[136] Frost, I. (2012), S. 77-78.
[137] Vgl. Frost, I. (2012), S. 79-80.
[138] Frost, I. (2012), S. 81.

Anteil der Variationen von *y* an, der von dem linearen Modell erfasst wird."[139]
Mit anderen Worten: Das Bestimmtheitsmaß „gibt gerade den Anteil der Gesamtstreuung der $y_i$ an, der durch die Regression von *Y* auf *X* erklärt wird."[140]

Es ist folgendermaßen definiert:[141]

$$R^2 = \frac{Erklärte\,Streuung}{Gesamtstreuung} = 1 - \frac{\sum_{i=1}^{n}(y_i - \hat{y}_i)^2}{\sum_{i=1}^{n}(y_i - \overline{y}_i)^2}.$$

Interpretiert wird das Bestimmtheitsmaß wie folgt: „Je stärker die exogene Variable *X* an dem Entstehungsprozess der endogenen Variable *Y* beteiligt ist, umso höher ist der Wert des Bestimmtheitsmaßes."[142] Dabei bewegt sich der Wert von $R^2$ in folgendem Intervall:

$$0 \leq R^2 \leq 1.$$

Je mehr sich das Bestimmtheitsmaß an 1 annähert, desto höher ist die Qualität der Anpassung.[143] Die folgende Tabelle vermittelt einen Überblick:

---

[139] Frost, I. (2012), S. 85.
[140] Fahrmeir, L. et al. (2011), S. 160.
[141] Vgl. Fahrmeir, L. et al. (2011), S. 160-161.
[142] Frost, I. (2012), S. 86.
[143] Vgl. Frost, I. (2012), S. 84.

| $R^2$ | Interpretation |
|---|---|
| $R^2 = 1$ | ▪ Alle Variationen werden durch das Modell erfasst.[144] |
| | ▪ „Die Anpassung ist perfekt."[145] |
| | ▪ „Alle Beobachtungen liegen auf der Regressionsgeraden."[146] |
| $R^2 = 0$ | ▪ „Das Modell ist maximal schlecht."[147] |

Tabelle 3: Interpretation des Bestimmtheitsmaßes[148]

Ergänzend sei noch die Beziehung zwischen dem Bestimmtheitsmaß und dem Korrelationskoeffizienten anzumerken: Der quadrierte Korrelationskoeffizient entspricht dem Bestimmtheitsmaß.[149]

### 3.4.2 Quantil-Quantil-Plot

Auf Basis eines QQ-Plots ist es möglich, auf einfache Weise „unter Verwendung von graphischen Darstellungen (Plots)"[150] zu prüfen, „ob Daten einer Beobachtungsreihe Realisierungen einer bestimmten Verteilung darstellen."[151] Dabei entspricht der QQ-Plot „einem Streudiagramm, bei dem die Quantile der Verteilungen zur Festlegung der Koordinaten der Punkte verwendet werden."[152]

Bei empirischen Beobachtungen sind die Quantile „Zahlen, die einen Datensatz des Stichprobenumfangs .. in einem bestimmten Verhältnis teilen."[153] Die Quantile entsprechen folglich der geordneten Urliste $x_1$, $x_2$,..., $x_n$.[154]

Die gegenüberzustellenden Quantile der theoretischen Verteilung sind so zu ermitteln, dass sie mit den Quantilen der empirischen Beobachtungen von der

---

[144] Vgl. Frost, I. (2012), S. 84.
[145] Frost, I. (2012), S. 84.
[146] Frost, I. (2012), S. 84.
[147] Frost, I. (2012), S. 84.
[148] Eigene Darstellung.
[149] Vgl. Frost, I. (2012), S. 84.
[150] Holling, H./ Schmitz, B. (2010), S. 371.
[151] Weber, F. (2001), S. 100.
[152] Holling, H./ Schmitz, B. (2010), S. 372.
[153] Holling, H./ Schmitz, B. (2010), S. 371.
[154] Vgl. Fahrmeir, L. et al. (2011), S. 95.

Lage korrespondieren.[155] Dies hat zur Folge, dass die Fläche der angenomme-
nen Verteilung in dem selben Verhältnis durch die Quantile geteilt wird, wie
durch „die empirische Verteilung aller erhobenen Werte."[156] Bei der Wahl der
Quantile der zu gegenüberstellenden theoretischen Verteilung existieren
verschiedene Möglichkeiten.[157] Statt für $i = 1,...,n$ die Stichproben-elemente $x_n$
gegen die $^i/_n$-Quantile $z_i$ gemäß der Verteilungsannahme zu errechnen, ist es
günstiger, das $^{(i-0,5)}/_n$-Quantil als Anteil zu wählen. Diese Korrektur lautet Stetig-
keitskorrektur und verbessert die Approximation der empirischen durch die
theoretische Verteilung.[158]

Um die Quantile der zu prüfenden theoretischen Verteilung zu berechnen „wird
die Inverse der entsprechenden Verteilungsfunktion verwendet."[159] Konkret soll
also gelten, dass „der Erwartungswert aller .. geordneten Variablen .. dem Wert
entspr[icht], der sich über die Inverse der Verteilungsfunktion der Referenzverteilung ergibt, wenn die Stichprobe tatsächlich aus der Referenzdarstellung
stammt und der gewählte Anteil .. verwendet wird."[160]

Im Fall der Standardnormalverteilung als gewählte Referenzverteilung soll
demnach gültig sein:[161]

$$E(X_i) = \Phi^{-1}(z_i).$$

Zum Zweck der graphischen Überprüfung werden die nach der Größe sortierten
Werte der Stichprobe $x$ im QQ-Plot gegen die theoretischen Quantile $z$ abgetragen.[162] Dabei werden die empirischen Werte auf der y-Achse (Ordinate) und die

[155] Vgl. Kähler, W.-M. (2011), S. 86.
[156] Kähler, W.-M. (2011), S. 86.
[157] Vgl. Handl, A. (2002), S. 301.
[158] Vgl. Fahrmeir, L. et al. (2011), S. 95.
[159] Holling, H./ Schmitz, B. (2010), S. 372.
[160] Holling, H./ Schmitz, B. (2010), S. 372.
[161] Vgl. Holling, H./ Schmitz, B. (2010), S. 372.
[162] Vgl. Precht, M./ Kraft, R./ Bachmaier, M. (2005), S. 265.

theoretischen Werte auf der x-Achse (Abszisse) aufgetragen.[163] Der QQ-Plot ist damit durch die folgenden Punkte definiert:[164]

$$\left( z_{(1)}, x_{(1)} \right), ..., \left( z_{(n)}, x_{(n)} \right).$$

Sofern die historische Datenreihe approximativ der geprüften Verteilung entspricht, liegen die Quantilswerte annähernd auf einer Geraden.[165] Der Achsenabschnitt dieser Regressionsgerade kann als Schätzer für den Erwartungswert und die Steigung als Schätzer für die Standardabweichung verwendet werden.[166] Wie bereits im vorherigen Abschnitt erläutert wurde, ist eine qualitative Beurteilung des Zusammenhangs durch das Bestimmtheitsmaß $R^2$ möglich. Sollte das Bestimmtheitsmaß nahe an 1 liegen, so ist die Verteilungsannahme gerechtfertigt. Sofern die Annahme voll erfüllt ist, „hätte man genau eine Gerade im Wahrscheinlichkeitsplot. Je mehr der Graph im Quantil-Quantil-Plot von einer Geraden abweicht, desto größer ist die Abweichung von der "[167] geprüften Verteilungsannahme.

In der vorliegenden Studie finden die QQ-Plots zur Verifizierung der Prämisse der Normalverteilung Verwendung. Demgemäß werden bei Normal-Quantil-Plots (NQ-Plots) die historischen, empirisch ermittelten Quantile mit den Quantilen der Normalverteilung abgeglichen.[168]

Für größere $n$ werden aufgrund des hohen Rechenaufwands computerunterstützte Methoden verwendet.[169] Im späteren Verlauf der vorliegenden Untersuchung wird mittels der Normal-Quantil-Plots überprüft, ob die historischen Kursentwicklungen, also die empirisch ermittelten Renditen, normalver-

---

[163] Vgl. Hatzinger, R./ Hornik, K./ Nagel, H. (2011), S. 262.
[164] Vgl. Fahrmeir, L. et al. (2011), S. 95.
[165] Vgl. Precht, M./ Kraft, R./ Bachmaier, M. (2005), S. 265.
[166] Vgl. Holling, H./ Schmitz, B. (2010), S. 374.
[167] Precht, M./ Kraft, R./ Bachmaier, M. (2005), S. 265.
[168] Vgl. Fahrmeir, L. et al. (2011), S. 95.
[169] Vgl. Fahrmeir, L. et al. (2011), S. 95.

teilt sind. Wie im nächsten Kapitel deutlich wird, ist die Normalverteilung eine zentrale Prämisse für die Modellierung von Marktpreisrisiken.

# 4 Risikomodellierung mittels Value-at-Risk

In *Kapitel 2 Marktpreisrisiko* wurde bereits auf die Bedeutung des Value-at-Risk als Messinstrument für Marktpreisrisiken hingewiesen. Diese Bedeutung sowie die Eigenschaften des Value-at-Risk werden in den folgenden Abschnitten im Detail vorgestellt.

## 4.1 Definition des Value-at-Risk

Der VaR ist ein im Jahr 1994 durch die Investmentbank Morgan Stanley einge-führtes Instrument zur Betrachtung von möglichen Veränderungen von Vermö-genspositionen, vor allem speziell von deren Verlustbereich. Folglich handelt es sich beim VaR um ein einseitiges, an Verlusten orientiertes Risikomaß, welches nicht das Maximalrisiko wiedergibt. Dieses tritt aufgrund der Wahrscheinlich-keitsverteilung nur selten auf. Synonym können für den VaR auch die Begriff-lichkeiten Shortfalloder Downside-Risiko verwendet werden.[170]

Der VaR beziffert als gebündelte Risikokennzahl „den höchsten Verlust einer Einzelposition oder eines Portfolios .., der mit einem bestimmten Konfidenzni-veau innerhalb eines festgelegten Zeitraum nicht überschritten wird."[171]

Diese Definition trifft jedoch nur auf einen möglichen Verlust unter üblichen Marktbedingungen zu.[172] Der VaR wird „nicht in Prozentpunkten, sondern Geldeinheiten aus[ge]drückt"[173] und entspricht der Menge an Kapital, „die zur Deckung potenzieller Verluste erforderlich ist."[174] Dabei ist „die Wahrscheinlich-keit der Aufzehrung dieses Kapitals durch ein negatives Investmentereignis

---

[170] Vgl. Wolke, T. (2007), S. 27.
[171] Kästner, M. (2012), S. 160.
[172] Vgl. Fischer, T. M./ Möller, K./ Schultze, W. (2012), S. 518.
[173] Gast, C. (1998), S. 69.
[174] Reitz, S. (2011), S. 217.

kontrolliert klein."[175] Die betroffenen Positionen werden diesbezüglich zum aktuellen Marktwert bewertet.[176]

Das Konfidenzniveau wird vom Management festgelegt und entspricht der Eintrittswahrscheinlichkeit des Maximalverlustes im Sinne von Quantilen der Verteilungsannahme.[177] Der VaR „einer Vermögensposition *i*, der für ein Wahrscheinlichkeitsniveau von (1-α) geschätzt wird, ist definiert als der Wert, für den gilt, dass Wertveränderungen $X_i$, die kleiner sind als der negativierte Value at Risk, nur mit einer Wahrscheinlichkeit von α eintreten können."[178] Der VaR entspricht also „dem α-Quantil der annahmegemäß normalverteilten Wertveränderung der Vermögensposition. Das α-Quantil lässt sich als Fläche unterhalb der Dichtefunktion in dem Intervall der Wertveränderung von ∞bis – VaR(1-α),.. darstellen."[179] „Je höher .. das Konfidenzniveau .., desto höher ist die Sicherheit, dass ein möglicher Verlust innerhalb des Konfidenzintervalls liegt."[180] Dementsprechend wird der Wert des VaR größer.[181]

In der folgenden Abbildung wird der VaR graphisch dargestellt:

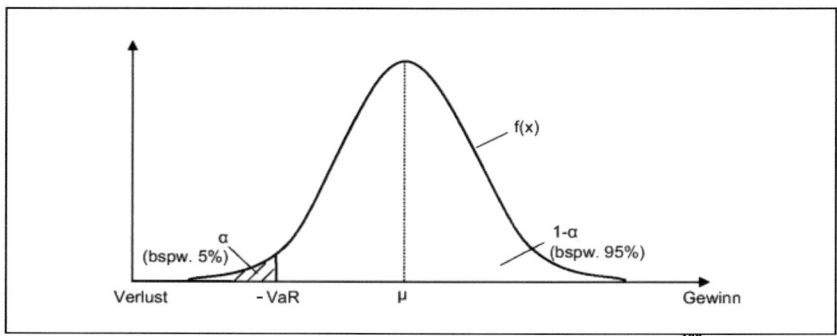

**Abbildung 5: Graphische Visualisierung des Value-at-Risk[182]**

---

[175] Albrecht, P./ Maurer, R. (2008), S. 131.
[176] Vgl. Wolke, T. (2007), S. 31.
[177] Vgl. Wolke, T. (2007), S. 31-32.
[178] Fischer, T. M./ Möller, K./ Schultze, W. (2012), S. 521.
[179] Fischer, T. M./ Möller, K./ Schultze, W. (2012), S. 521.
[180] Kästner, M. (2012), S. 160.
[181] Vgl. Kästner, M. (2012), S. 160.
[182] Vgl. Kästner, M. (2012), S. 160.

In diesem Beispiel wird der Wert der Position mit einer Wahrscheinlichkeit von 95 Prozent (95-Prozent-Quantil) innerhalb eines Zeitraums die dazugehörende Wertuntergrenze nicht unterschreiten. Anders ausgedrückt wird hier die negative Abweichung vom Erwartungswert $\mu$ nur mit einer Rest-wahrscheinlichkeit von 5 Prozent höher als der VaR sein.[183]

Der festgelegte Zeitraum entspricht der Liquidationsperiode, die „im Fall einer Krise benötigt wird, um die betreffende Risikoposition zu schließen (zu verkaufen)."[184] Diese Periode ist u.a. abhängig von Besonderheiten des Unternehmens, Besonderheiten der Risikoart oder den gesetzlichen Regelungen der Aufsichtsbehörden.[185] Ist es also möglich eine Position tageweise zu schließen, „so ist ihr Risiko niedriger als das einer Position, die beispielsweise nur in einem Zeitintervall von zehn Tagen geschlossen werden kann (durch fehlende Marktliquidität, Größe der Position, Reaktionsmöglichkeit der Bank)."[186]

Die vorab genannten Einflussgrößen sind allesamt positiv korreliert, das bedeutet, je größer die Einflussgrößen, „desto größer ist c. p. auch der"[187] VaR.

Zusammenfassend ist der VaR folglich „ein sehr flexibles Risikomaß, weil unterschiedliche Haltedauern und unterschiedliche Überschreitungswahrscheinlichkeiten vorgegeben werden können."[188] Ein Vorteil des VaR „ist die einheitliche Erfassung unterschiedlicher Risikoarten – wie beispielsweise Aktien-, Währungsund Zinsrisiko – durch eine einheitliche Messvorschrift."[189] Damit erlaubt der VaR einen Vergleich zwischen verschiedenen Risikoarten herzustellen.[190] Außerdem ist es möglich, die verschiedenen Risikoarten

---

[183] Vgl. Kästner, M. (2012), S. 162.
[184] Wolke, T. (2007), S. 31.
[185] Vgl. Wolke, T. (2007), S. 31.
[186] Enthofer, H./ Haas, P. (2012), S. 1003-1005.
[187] Wolke, T. (2007), S. 34.
[188] Rudolph, B./ Johanning, L. (2000), S. 26.
[189] Enthofer, H./ Haas, P. (2012), S. 993.
[190] Vgl. Wolke, T. (2007), S. 27.

zusammenzuführen und so die gesamte Risikosituation mit einer einzelnen standardisierten Kennziffer auszudrücken.[191]

## 4.2 Anwendungsgebiete des Value-at-Risk

Vorwiegend wird der VaR „in Unternehmen des Finanzsektors angewendet und gilt dort aufgrund seiner einfachen Interpretierund Kommunizierbarkeit als Standard.“[192] Er „wird ... zur Überwachung, Begrenzung und Steuerung“[193] von Risiken verwendet. Hinsichtlich der bankinternen Steuerung findet der VaR bspw. Verwendung bei der Limitierung von Risiken, wo der maximale VaR als Limit festgesetzt wird.[194] Zudem wird der VaR bei „der Allokation von Ressourcen in Geschäftsbereiche“[195] angewendet.

Allerdings hat die Kennzahl VaR neben bankinternen Steuerungszwecken „ebenso Bedeutung wie für die bankaufsichtliche Risikobegrenzung, weil sie sich für risikobezogene Erfolgskennzahlen ... einsetzen lässt und bei den im Grundsatz I des Bundesaufsichtsamtes für das Kreditwesen .. zugelassenen internen Risikomodelle [!] zum Einsatz kommt.“[196]

Der VaR dient ferner zur Bestimmung der Eigenkapitalanforderungen nach Basel II. und zukünftig Basel III.“[197] Diesbezüglich „werden die Finanzinstitute aufgefordert, ihre Risiken mit Value-at-Risk zu bewerten und nach einer festgelegten Berechnungslogik eine vorgeschriebene Eigenmittelhinterlegung vorzunehmen.“[198] Zur Ermittlung des VaR wurde durch die Aufsicht ein historischer Beobachtungszeitraum von mindestens einem Jahr festgelegt.[199]

---

[191] Vgl. Fricke, J. (2006), S. 7.
[192] Fischer, T. M./ Möller, K./ Schultze, W. (2012), S. 518.
[193] Reitz, S. (2011), S. 216.
[194] Vgl. Wolke, T. (2007), S. 78.
[195] Fischer, T. M./ Möller, K./ Schultze, W. (2012), S. 518.
[196] Rudolph, B./ Johanning, L. (2000), S. 26.
[197] Fischer, T. M./ Möller, K./ Schultze, W. (2012), S. 518.
[198] Fricke, J. (2006), S. VII.
[199] Vgl. Weber, F. (2001), S. 141.

In der Industriebranche wird der VaR eingesetzt, sofern „es sich um die Bewertung von Risikopositionen handelt, für die entsprechende Marktpreise ermittelt werden können."[200] Beispielhaft lassen sich als Risikopositionen Rohstoffpreise wie Ölund Kupferpreise aufführen.[201] Damit ist der VaR für fast alle Unternehmen von Bedeutung, „da in der heutigen globalisierten Wirtschaft .. selten ein Unternehmen"[202] nicht von Wechselkursund/ oder Rohstoffpreiseinflüssen betroffen ist.

## 4.3 Verschiedene Modelle des Value-at-Risk

Bei der Berechnung des VaR lässt sich zwischen analytischen Ansätzen und Simulationsansätzen differenzieren.[203] „Der Begriff analytisch bedeutet, dass ein Ergebnis explizit mit einer Formel berechnet werden kann."[204] Die Gemeinsamkeit aller Verfahren ist die Bestimmung der „Wahrscheinlichkeitsverteilung der zukünftigen Gewinne oder Verluste durch die Analyse der Häufigkeit bestimmter Marktwertänderungen ... in der Vergangenheit."[205]

---

[200] Fischer, T. M./ Möller, K./ Schultze, W. (2012), S. 518.
[201] Vgl. Fischer, T. M./ Möller, K./ Schultze, W. (2012), S. 518.
[202] Fricke, J. (2006), S. 9.
[203] Vgl. Fischer, T. M./ Möller, K./ Schultze, W. (2012), S. 519.
[204] Enthofer, H./ Haas, P. (2012), S. 1015.
[205] Rudolph, B./ Johanning, L. (2000), S. 27.

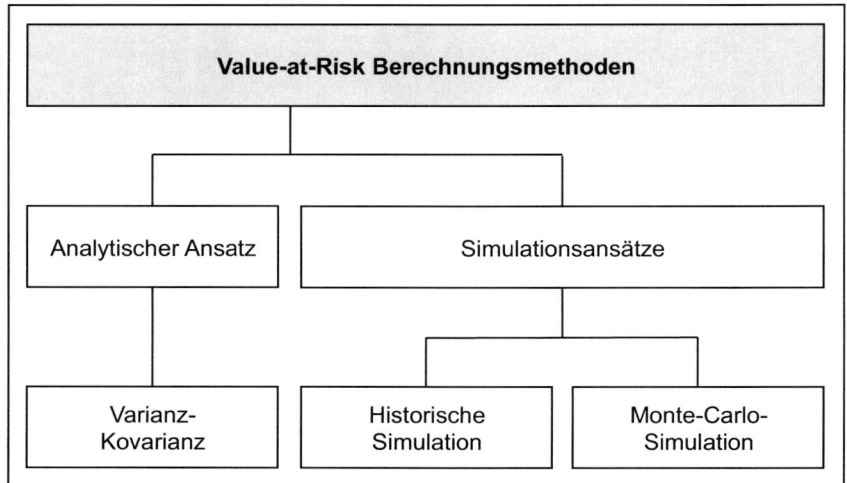

**Abbildung 6: Berechnungsmethoden Value-at-Risk**[206]

Im weiteren Verlauf des vorliegenden Buches wird das Modell der Historischen Simulation nicht aufgeführt. Der Fokus liegt auf der Untersuchung von verteilungsgestützten Marktpreisrisikomodellen, wozu die Historische Simulation nicht zu zählen ist.[207]

### 4.3.1 Varianz-Kovarianz-Ansatz

Die statistische Grundvoraussetzung für das VaR-Konzept bildet die Normalverteilungsannahme der betrachteten Risikofaktoren mit ihren Lageparametern Erwartungswert/ Mittelwert und Standardabweichung/ Volatilität.[208] „Wird beispielsweise eine Aktie betrachtet, so impliziert die Normalverteilung, dass die Rendite des Wertpapiers normalverteilt ist. Da sich der investierte Betrag genau um die erzielte Rendite verändert, unterliegt die Wertveränderung der Vermögensposition ebenso einer Normalverteilung."[209]

---

[206] Eigene Darstellung, Vgl. Fischer, T. M./ Möller, K./ Schultze, W. (2012), S. 519.
[207] Anmerkung: Zusatzinformationen zum Modell der Historischen Simulation sind in folgendem Titel zu finden: Fischer, T. M./ Möller, K./ Schultze, W. (2012), S. 525.
[208] Vgl. Wolke, T. (2007), S. 27-31.
[209] Fischer, T. M./ Möller, K./ Schultze, W. (2012), S. 519.

Um eine Prognose über potentielle zukünftige Risiken aufstellen zu können, muss die künftige Wertentwicklung der Position abgeschätzt werden. Für diesen Prozess ist die Position als Zufallsvariable zu modellieren.[210] „Da die Normalverteilung durch den Erwartungswert und die Standardabweichung vollständig beschrieben wird, sind diese Parameter der Verteilung zu schätzen.“[211] Die Ermittlung dieser beiden Parameter wurde bereits in *Kapitel 3 Finanzmathematische und statistische Grundlagen* beschrieben.

Wie bereits zu Beginn dieses Kapitels beschrieben, „entspricht der Value at Risk dem $\alpha$-Quantil der annahmegemäß normalverteilten Wertveränderung der Vermögensposition.“[212]

„In der Praxis wird der Value at Risk durch Verwendung des sogenannten $\alpha$-Quantils ($z\alpha$-Wert) der Standardnormalverteilung bestimmt.“[213] Die $\alpha$-Quantile der Normalverteilung $n\alpha$ werden durch die $\alpha$-Quantile der Standardnormalverteilung $z\alpha$ ermittelt.[214] Dies geschieht auf folgende Weise:

$$n_{\alpha,i} = \mu_i + z_\alpha \times \sigma_i.$$

Der VaR ist als positiver Wert definiert, daher gilt folgender Zusammenhang:[215]

$$VaR_{(1-\alpha),i} = -(\mu_i + z_\alpha \times \sigma_i).$$

Die Modellierung auf Basis Varianz-Kovarianz-Ansatzes lässt sich analog von einer Einzelposition auf ein Portfolio mit mehreren Vermögenspositionen übertragen. In die Berechnung fließen folglich der Erwartungswert und die Standardabweichung des Portfolios ein. Es ist also nicht sinnvoll „bei der

[210] Vgl. Fischer, T. M./ Möller, K./ Schultze, W. (2012), S. 520.
[211] Fischer, T. M./ Möller, K./ Schultze, W. (2012), S. 520.
[212] Fischer, T. M./ Möller, K./ Schultze, W. (2012), S. 521.
[213] Fischer, T. M./ Möller, K./ Schultze, W. (2012), S. 522.
[214] Vgl. Fischer, T. M./ Möller, K./ Schultze, W. (2012), S. 522.
[215] Vgl. Fischer, T. M./ Möller, K./ Schultze, W. (2012), S. 523.

Bestimmung des Value at Risk eines Portfolios ... die Risiken der Einzelpositionen einfach zu addieren."[216] Die Grundsätze der Portfoliotheorie, also eventuelle Diversifikationseffekte zwischen den Einzelpositionen, sind bei der Ermittlung des VaR eines Portfolios zu berücksichtigen.[217]

Die einfache Handhabung des Varianz-Kovarianz-Ansatzes ist dessen Vorteil. Damit bleibt der Rechenaufwand gering und die Ergebnisse können auf Basis der verwendeten Formel zurückverfolgt werden.[218] Nachteilig ist allerdings „die Notwendigkeit einer Reihe von Annahmen, die in der Realität nicht vollständig erfüllt werden."[219]

### 4.3.2 Monte-Carlo-Simulation

Eine weitere Methode zur Ermittlung des VaR stellt die Monte-Carlo-Simulation dar. „Für mathematische Probleme, bei denen keine geschlossene analytische Berechnung möglich ist, werden häufig Monte-Carlo-Simulationen zur Näherung verwendet."[220] Dabei handelt es sich um ein auf Zufallszahlen basierendes Simulationsmodell.[221]

Um eine Risikoberechnung vorzunehmen, werden zunächst „die Risikofaktoren festgelegt und ihre zugehörigen Volatilitäten und Kovarianzen berechnet bzw. geschätzt."[222] Als Verteilungsannahme wird auch bei dieser Berechnungsmethode in der Regel die Normalverteilung verwendet.[223]

Der VaR wird durch die Erstellung verschiedener Szenarien für die zukünftige Wertentwicklung der Positionen berechnet.[224] Die Wertentwicklung wird mittels eines Zufallsgenerators simuliert und muss „dadurch nicht den Veränderungsra-

---

[216] Hirschbeck, T. (1998), S. 155.
[217] Vgl. Fischer, T. M./ Möller, K./ Schultze, W. (2012), S. 523-524.
[218] Vgl. Enthofer, H./ Haas, P. (2012), S. 1019.
[219] Enthofer, H./ Haas, P. (2012), S. 1019.
[220] Hirschbeck, T. (1998), S. 177.
[221] Vgl. Enthofer, H./ Haas, P. (2012), S. 1027.
[222] Wolke, T. (2007), S. 47.
[223] Vgl. Fischer, T. M./ Möller, K./ Schultze, W. (2012), S. 525.
[224] Vgl. Fischer, T. M./ Möller, K./ Schultze, W. (2012), S. 525.

ten der Vergangenheit entsprechen."[225] Hierbei wird ein Random Walk, also ein Zufallspfad der Risikofaktoren angenommen.[226] Durch die vorgenommene Simulation „wird eine Stichprobe aus der Wahr-scheinlichkeitsverteilung der Wertveränderung ... erzeugt, wobei der Stich-probenumfang der Anzahl der Simulationsläufe entspricht."[227] Die Validität steigt mit der Anzahl an durchge-führten Simulationen, da die Abweichung zwischen der realen und simulierten Verteilung mit zunehmender Anzahl geringer wird.[228]

Anschließend ist „für jedes dieser simulierten Szenarien ... eine Neubewertung .. vorzunehmen."[229] Auf Basis von Bewertungsmodellen werden „die Marktwerte der einzelnen Positionen und daraus dann der aggregierte Portfoliowert be-rechnet."[230]

Nach der Durchführung der simulierten Neuberechnungen der Portfoliowerte wird der VaR als „der maximale Verlust über die Auswahl des gewünschten Konfidenzintervalls bestimmt."[231] Den VaR „auf einem bestimmten Konfidenzni-veau $1-\alpha$ erhält man, indem alle .. Preisänderungen des Portfolios entspre-chend ihrer Höhe sortiert"[232] und anschließend analog dem gewünschten $1-\alpha$ Quantil eingeteilt werden.[233]

Ein Vorteil der Monte-Carlo-Simulation ist ihre Flexibilität. Diese kommt beson-ders bei der Bemessung von komplexen Instrumenten und Prozessen zum tragen, „wenn keine analytischen Formeln zur Darstellung zur Verfügung stehen."[234] Von Nachteil sind allerdings die hohe Rechenintensität und die damit benötigten Computerkapazitäten. Dieser Aufwand ist also nur bei verhält-

---

[225] Wolke, T. (2007), S. 47.
[226] Vgl. Wolke, T. (2007), S. 47.
[227] Fischer, T. M./ Möller, K./ Schultze, W. (2012), S. 525.
[228] Vgl. Fischer, T. M./ Möller, K./ Schultze, W. (2012), S. 525.
[229] Fischer, T. M./ Möller, K./ Schultze, W. (2012), S. 525.
[230] Wolke, T. (2007), S. 47.
[231] Enthofer, H./ Haas, P. (2012), S. 1027.
[232] Hirschbeck, T. (1998), S. 179.
[233] Vgl. Hirschbeck, T. (1998), S. 179.
[234] Enthofer, H./ Haas, P. (2012), S. 1027.

nismäßig komplexen Risikostrukturen gerechtfertigt.[235] Es gilt einen Kompromiss zwischen „Geschwindigkeit (Komplexität der Darstellung und Anzahl der Simulationen) und Genauigkeit"[236] der Simulation zu finden.

## 4.4 Schwächen der Value-at-Risk Modellierungen

Die vorgestellten Modelle zur Modellierung des VaR weisen einige Schwächen auf. Ein Kritikpunkt ist der Rückschluss von Vergangenheitsdaten auf zukünftige Entwicklungen.[237] Ein weiterer kritischer Punkt ist die Fokussierung auf einen einzigen Wert als Messgröße. „[Mögliche] Extremwerte oberhalb der gewählten Sicherheitswahrscheinlichkeit werden nicht berücksichtigt."[238] Ferner ist die Kurzfristigkeit des Ansatzes bei der Wahl der Liquidationsperiode kritikwürdig. Diese liegt „in der Höhe von zwei bis zehn Tagen bei der typischen Anwendung auf Finanzmarktrisiken."[239] Ebenso ist die Wahl der zugrunde gelegten Zeitreihe von Relevanz: So „können in einer extrem langen Zeitreihe veraltete Daten enthalten sein, welche die aktuelle Risikosituation nicht korrekt wiederspiegeln [!]."[240]

Als zentraler Kritikpunkt gilt die Annahme der Normalverteilung, welche „die Standardspezifikation des Wahrscheinlichkeitsgesetztes einer zufallsabhängigen Rendite"[241] darstellt. Die Prämisse einer Normalverteilung kann „nur eine Approximation an die empirischen Verhältnisse sein."[242] Kritisiert wird „insbesondere die empirisch häufig zu beobachtenden Abweichungen in Form von dicken Enden (den so genannten „Fat Tails"), überhöhten Spitzen (Leptokurtosis) und auch von Schiefen (Skewness) im Vergleich zum idealisierten, theoretischen Verlauf der Normalverteilungskurve."[243] Das Auftreten von dicken

---

[235] Vgl. Enthofer, H./ Haas, P. (2012), S. 1027.
[236] Enthofer, H./ Haas, P. (2012), S. 1027.
[237] Vgl. Wolke, T. (2007), S. 54.
[238] Wolke, T. (2007), S. 54.
[239] Wolke, T. (2007), S. 54.
[240] Hirschbeck, T. (1998), S. 145-146.
[241] Albrecht, P./ Maurer, R. (2008), S. 109.
[242] Albrecht, P./ Maurer, R. (2008), S. 109.
[243] Wolke, T. (2007), S. 54.

Rändern bedeutet, „dass sich in den Enden der Verteilung mehr Wahrschein-lichkeitsmasse konzentriert als dies bei einer Normalverteilung der Fall ist."[244] Der Grund hierfür ist, dass extreme Marktsituationen, also extreme Preisaus-schläge in der Praxis öfter vorkommen, „als nach der .. Normalverteilung zu erwarten wären."[245] Somit existiert die Gefahr von Fehlberechnungen und einer Unterschätzung des Risikos.[246]

Diese Gefahr wird auch als Modellrisiko bezeichnet, also die Gefahr durch die Verwendung „schlechte[r]" Modelle für die Verteilung von Aktienrenditen."[247] Denn „ohne eine möglichst gute Modellierung des Untersuchungsgegenstandes ist das beste Risikomass [!] nur von beschränktem Nutzen."[248]

An diesen kritischen Aspekten kann die Bedeutung einer gültigen Normal-verteilung der Renditen für die adäquate Quantifizierung von Marktpreisrisiken nachvollzogen werden.

---

[244] Weber, F. (2001), S. 27.
[245] Geiersbach, K. (2010), S. 229.
[246] Vgl. Hirschbeck, T. (1998), S. 192-193.
[247] Weber, F. (2001), S. 1.
[248] Weber, F. (2001), S. 2.

# 5 Empirische Überprüfung der Modelle

Die Verifizierung der normalverteilungsbasierten Marktpreisrisikomodelle geschieht auf folgende Weise: Im ersten Schritt wird die Datengrundlage durch Selektion von Aktientiteln und anschließender Berechnung der Renditen erzeugt. Anschließend werden auf Basis dieser „historische[n] Renditen die Parameter der Modelle"[249] ermittelt. Hierbei ist anzumerken, dass die historischen Zeitreihen (02.01.1998 bis 08.10.2013) zu Analysezwecken in drei Subperioden eingeteilt werden. Damit kann eine Betrachtung der Entwicklungen vor der Finanzkrise, im Jahr des Ausbruchs der Krise und dem Zeitraum danach gesondert vorgenommen werden. Die Berechnungen werden also für jeden dieser Abschnitte durchgeführt.

| Periode | Beginn | Ende | Beschreibung |
|---------|--------|------|--------------|
| 1 | 02.01.1998 | 31.12.2007 | Entwicklung vor Finanzkrise |
| 2 | 01.01.2008 | 31.12.2008 | Entwicklung im Krisenjahr |
| 3 | 01.01.2009 | 08.10.2013 | Entwicklung nach dem Krisenjahr |

Tabelle 4: Perioden der Zeitreihen[250]

Im nächsten Schritt erfolgt die Berechnung der theoretischen Verteilungen auf Basis der Parameter. Zum Abschluss kommt es zur Gegenüberstellung der theoretischen und der empirischen Renditeverteilungen. Diese werden mittels statistischer Tests verglichen, um eine Verträglichkeitsprüfung der theoretischen mit der empirischen Verteilung durchzuführen.[251]

## 5.1 Selektion von Aktien und Generierung der Datenreihen

Wie bereits im ersten Kapitel des vorliegenden Buches angesprochen dient das Finanzportal finanzen.net als Datenquelle. Die historischen, täglichen Börsen-

---

[249] Weber, F. (2001), S. 97.
[250] Eigene Darstellung.
[251] Vgl. Weber, F. (2001), S. 97.

schlusskurse ausgewählter Aktientitel werden abgezogen und in Microsoft Excel importiert.

Für die Selektion der Aktientitel sind mehrere Kriterien entscheidend. Als grundsätzliche Prämisse gilt eine hohe Marktkapitalisierung (also der „Börsenwert sämtlicher von einem Unternehmen emittierte[n] Aktien"[252]), mit deren Höhe auch das Interesse von Investoren an der Aktie steigt; damit wird auch die Liquidität der Aktie erhöht. Die Liquidität ist umso größer, je höher die Marktkapitalisierung ist. Sie entspricht der Höhe der Börsenumsätze, „beeinflusst die Möglichkeit, große Mengen eines Wertpapiers zu handeln, und bestimmt auch die Markteinwirkung."[253] Demzufolge ermöglicht eine hohe Liquidität den Investoren einen schnellen Verkauf einer bestimmten Position, ohne dass eine deutliche Kursveränderung durch einzelne Verkäufe verursacht wird. Auf den DAX 30 Index entfallen „nach Angaben der Deutschen Börse ... ca. 95 % der Handelsumsätze eines durchschnittlichen Börsentags."[254] Aus diesem Grund ist es Ziel, fünfzig Prozent der größten, im DAX 30 Index gelisteten Unternehmen für die Analyse heranzuziehen, sofern die weiteren Selektionskriterien erfüllt sind.

Diese sind:

eine möglichst lange Börsennotierung, um langfristige und aussagekräftige Datenreihen generieren zu können. So haben etwa die DAX 30 Schwergewichte BASF SE und Deutsche Post AG zu kurze Historien vorzuweisen.

Eine repräsentative Abbildung der Branchen. So werden für die Analyse aus dem DAX 30 Index Aktientitel verschiedener Branchen herangezogen, um branchenspezifische Besonderheiten differenzieren zu können. Diesbezüglich wurden auch Aktientitel mit geringerer Marktkapitalisierung (ebenfalls Mitglieder

---

[252] Bernstein, W. J. (2006), S. 202.
[253] Bernstein, W. J. (2006), S. 202.
[254] Hasler, P. T. (2011), S. 26.

des DAX 30 Index) zu Vergleichszwecken innerhalb einer Branche verwendet. Daneben wird auch der DAX 30 Index als Referenz betrachtet.

Dementsprechend werden auf Basis dieser Selektionskriterien die folgenden 18 Aktientitel als Datengrundlage für die Analyse gewählt:

| Branche | Name | ISIN |
|---|---|---|
| Automobil | BMW AG | DE0005190003 |
| Automobil | Continental AG | DE0005439004 |
| Automobil | Daimler AG | DE0007100000 |
| Automobil | Volkswagen AG | DE0007664039 |
| Chemie & Pharma | Bayer AG | DE000BAY0017 |
| Chemie & Pharma | Beiersdorf AG | DE0005200000 |
| Chemie & Pharma | Fresenius SE & Co. KGaA | DE0005785604 |
| Finanzindustrie | Allianz SE | DE0008404005 |
| Finanzindustrie | Deutsche Bank AG | DE0005140008 |
| Finanzindustrie | Münchner Rück AG | DE0008430026 |
| Industrie & High Tech | Linde AG | DE0006483001 |
| Industrie & High Tech | Siemens AG | DE0007236101 |
| Industrie & High Tech | ThyssenKrupp AG | DE0007500001 |
| Konsumgüter | Henkel AG & Co. KGaA | DE0006048432 |
| Telekommunikation & IT | Deutsche Telekom AG | DE0005557508 |
| Telekommunikation & IT | SAP AG | DE0007164600 |
| Versorger | E.ON SE | DE000ENAG999 |
| Versorger | RWE AG | DE0007037129 |
| Index | DAX 30 | DE0008469008 |
| *Index (Exkurs)* | *Dow Jones Ind. Average* | *US2605661048* |

**Tabelle 5: Datengrundlage Aktientitel[255]**

Die Zeitreihen beginnen wie eingangs erwähnt jeweils am 02.01.1998 und enden am 08.10.2013; damit stehen pro Aktie 4.010 Datenpunkte zur Verfügung.

Hinsichtlich der Datenreinheit ist noch Folgendes anzumerken: Zum einen weisen die Datenreihen aller Aktientitel (ausgenommen der Bayer AG) jeweils

---

[255] Eigene Darstellung.

eine Datenabzugszeile für Samstag, den 13.11.1999, auf, in welcher keine Kursdaten, sondern lediglich Volumensangaben hinterlegt sind. Für den Vortag, Freitag, den 12.11.1999, sind hingegen keine Volumensangaben vorzufinden. Demzufolge gilt anzunehmen, dass es sich bei den betreffenden Daten am 13.11.1999 um nachgemeldete Angaben handelt. Das Interesse gilt in der vorliegenden Studie jedoch bekanntlich den Veränderungen der Schlusskurse. Da die Handelsvolumina bei den Berechnungen der empirischen Aktienkursveränderungen keine Verwendung finden, werden die Datenabzugszeilen für Samstag, den 13.11.1999, aus Gründen der Datenreinheit gelöscht.

Zum anderen ist anzumerken, dass zusätzlich im Rahmen der gesamten Datengrundlage drei fehlende Schlusskurse festzustellen sind. Diese treten für die Siemens AG am 27.01.2010, für den DAX 30 Index am 24.09.1999 und für den Dow Jones Industrial Average Index ebenfalls am 24.09.1999 auf. Mittels linearer Interpolation werden diese Werte generiert. „Ausgehend vom ersten gültigen Wert vor und nach dem/der fehlenden Werte wird interpoliert. Fehlt nur ein Wert, ist das identisch mit dem arithmetischen Mittel zwischen diesen beiden Werten."[256]

Aus den Schlusskursen werden anschließend die logarithmischen (geometrischen) Renditen, also die Ergebnisse je Handelstag, berechnet. Dazu wird die folgende Funktion in Microsoft Excel verwendet:

*LN(Tagesschlusskurs/Vortagesschlusskurs).*

Die ermittelten Tagesrenditen dienen als grundlegende Datenreihe für die anschließenden Berechnungen der arithmetischen Mittel und der Standardabweichungen.

---

[256] Jansen, J./ Laatz, W. (2005), S. 142.

## 5.2 Ermittlung der statistischen Parameter

Wie zu Beginn dieses Kapitels bereits erläutert, wird für die Analyse der Aktien-renditen der Beobachtungszeitraum in drei Perioden geteilt; die Berechnungen werden jeweils separat durchgeführt. Bei den Berechnungen der arithmetischen Mittel und der Standardabweichungen erhält man folglich für jede Aktie pro Periode einen Parameterwert.

Mit der Funktion MITTELWERT kann in Microsoft Excel das arithmetische Mittel berechnet werden, basierend auf der folgenden Syntax:[257]

MITTELWERT(Zahl1; Zahl2; ...).

Die Standardabweichung wird in Microsoft Excel mit der Funktion STABW ermittelt. Sie schätzt ausgehend von einer Stichprobe, die aus einer Grundge-samtheit stammt, die Standardabweichung.

Die Syntax lautet hierbei:[258]

STABW(Zahl1; Zahl2; ...).

## 5.3 Ermittlung der theoretisch normalverteilten Renditen

Auf Basis der ermittelten Parameterwerte für das arithmetische Mittel und die Standardabweichung (je Aktientitel und pro Beobachtungsperiode) lassen sich die theoretisch normalverteilten Renditen berechnen.

Eine wichtige Komponente bei der Ermittlung von theoretischen Verteilungen spielen die Zufallszahlen. Diese weisen hinsichtlich ihrer Häufigkeit eine vorge-

---

[257] Vgl. Martin, R. (2007), S. 311.
[258] Vgl. Radke, H.-D. (2006), S. 66.

gebene theoretische Wahrscheinlichkeitsverteilung auf.[259] Die Zufalls-zahlen werden am Computer mittels spezieller Algorithmen, sogenannter Zufallsgeneratoren, errechnet. „Grundlegend ist dabei die Erzeugung von Zufallszahlen $x_1$, $x_2,...,\ x_n$, deren Werte sich in sehr guter Näherung wie Realisierungen von unabhängigen auf [0,1] gleichverteilten Zufallsvariablen $X_1$, $X_2,...,\ X_n$ verhalten."[260] Man spricht in diesem Fall auch von Pseudo-Zufallszahlen, da es sich um berechnete und nicht echte zufällige Werte handelt, „die sich (fast) wie echte verhalten."[261]

Microsoft Excel liefert mit der Funktion ZUFALLSZAHL[262] einen variierenden Wert[263], der in dem Intervall [0; 1[ liegt:[264]

*ZUFALLSZAHL().*

Diese Zufallszahlen entsprechen in der vorliegenden Studie Wahrscheinlichkeiten, dass bestimmte Renditen (Quantile) realisiert werden.[265] Neben den Zufallszahlen fließen die empirisch ermittelten arithmetischen Mittel und Standardabweichungen in die Berechnung mit ein und nicht die Parameterwerte der Standardnormalverteilung ($\mu=0$; $\sigma=1$), „um ein statistisch konsistentes Ergebnis zu berechnen."[266]

---

[259] Vgl. Keller, B./ Schubarth, A. (2011), S. 274.
[260] Fahrmeir, L. et al. (2011), S. 321.
[261] Fahrmeir, L. et al. (2011), S. 321.
[262] Microsoft Excel erzeugt eine gleichmäßig verteilte Zufallszahl aus dem Intervall [0; 1[. Diese Hypothese wird für weitere Belange in der vorliegenden Studie verwendet. Eine explizite Überprüfung der Unabhängigkeit wird nicht durchgeführt.
[263] Für jede Neuberechnung des Tabellenblattes wird eine neue Zufallszahl zurückgegeben. Somit müssen die erzeugten Werte nicht übereinstimmen und können variieren.
[264] Vgl. Mewes, W. E. (2011), S. 69.
[265] Statt der in *Kapitel 3.4.2 Quantil-Quantil-Plot* vorgestellten Methoden zur Ermittlung der theoretischen Quantile wird in der vorliegenden Studie Gebrauch von Zufallszahlen gemacht.
[266] Wolke, T. (2007), S. 33.

Die Microsoft Excel Funktion NORMINV ermittelt aus diesen Inputwerten die Quantile der Normalverteilung auf Basis der zugrunde liegenden Syntax:[267]

*NORMINV(Wahrsch;Mittelwert;Standardabwn).*

Die Syntax besteht aus den folgenden Argumenten:

| Argument | Beschreibung |
|---|---|
| Wahrsch | Die zur Normalverteilung gehörige Wahrscheinlichkeit |
| Mittelwert | Das arithmetische Mittel der Verteilung |
| Standardabwn | Die Standardabweichung der Verteilung |

Tabelle 6: Argumente der Syntax von NORMINV[268]

Auf diese Weise werden die Quantile, also die theoretischen Renditen der Aktientitel ermittelt. Zu beachten ist hierbei, dass analog der Anzahl an empirischen Renditen in der Beobachtungsperiode die gleiche Anzahl an theoretischen Renditen erzeugt werden muss.

## 5.4 Aufstellung von Quantil-Quantil-Plots

Für eine Gegenüberstellung werden die empirischen und theoretischen Renditen der Beobachtungsperioden der Größe nach sortiert (absteigend). Diese Datenreihen werden anschließend graphisch visualisiert. Microsoft Excel stellt diesbezüglich verschiedene Diagrammtypen zur Verfügung. Für den Zweck der Aufstellung von Quantil-Quantil-Plots, bzw. in diesem Fall von Normal-Quantil-Plots, werden Punktediagramme verwendet. Dabei werden die theoretischen normalverteilten Renditen/ Quantile auf der x-Achse und die empirischen Renditen/ Quantile auf der y-Achse abgetragen. Das so entstandene Streudiagramm kann in Microsoft Excel mit einer Trendlinie versehen werden. Zusätzlich ist es möglich durch Formatierung der Trendlinie die Formel der zugehöri-

---

[267] Vgl. Duller, C. (2007), S. 208.
[268] Eigene Darstellung.

gen Regressionsgeraden und das Bestimmtheitsmaß im Diagramm anzeigen zu lassen. Diese Komponenten dienen der Beschreibung und Interpretation der erzeugten NQ-Plots.

# 6 Beschreibung und Interpretation der Ergebnisse

Die NQ-Plots weisen vielschichtige Ergebnisse hinsichtlich der Entwicklungen der Aktienrenditen über die drei Beobachtungsperioden auf. Wie bereits in *Kapitel 3.4 Verifizierung der Normalverteilungsannahme* dargestellt, ist eine geringe Streuung der Punkte um die Regressionsgerade ebenso ein Indikator für eine Bestätigung der Normalverteilungsannahme der Aktienrenditen wie ein Bestimmtheitsmaß $R^2$ nahe der Zahl 1. Sowohl die Streuung der Punkte als auch die Höhe (bzw. Nähe zur Zahl 1) des Bestimmtheitsmaßes der NQ-Plots variieren abhängig von Aktie und Beobachtungsperiode.

Dabei lassen sich die ermittelten Ergebnisse in drei generelle, erste Cluster gliedern, welche sich an der Veränderung des Grades der Normalverteilung im Krisenzeitraum orientieren:

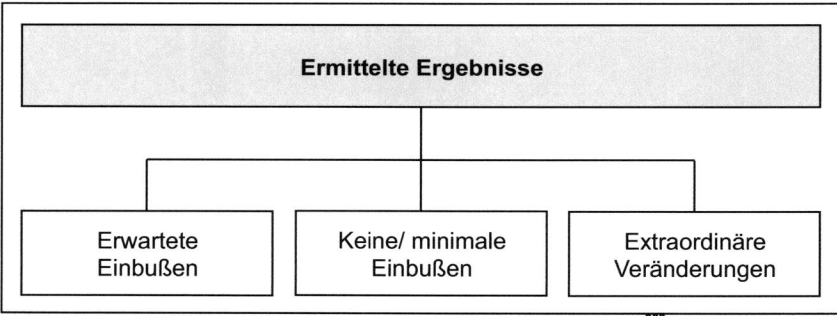

**Abbildung 7: Einteilung der ermittelten Ergebnisse[269]**

Für diese Cluster werden im Folgenden exemplarisch die Ergebnisse einiger Aktientitel vorgestellt. Eine umfassende Übersicht aller ermittelten NQ-Plots ist im Anhang der vorliegenden Studie zu finden.

---

[269] Eigene Darstellung.

## 6.1 Erwartete hohe Einbußen

Erwartete Einbußen beim Grad der Normalverteilung bedeuten, dass die empirischen und die theoretischen Renditen im Vergleich zum Zeitraum vor der Finanzkrise eine erwartete geringere Übereinstimmung aufweisen. Diese Entwicklung ist insbesondere bei den Finanztiteln zu erwarten. Zunächst wird die Entwicklung der Normalverteilung von Aktienrenditen der Deutschen Bank AG genauer betrachtet:

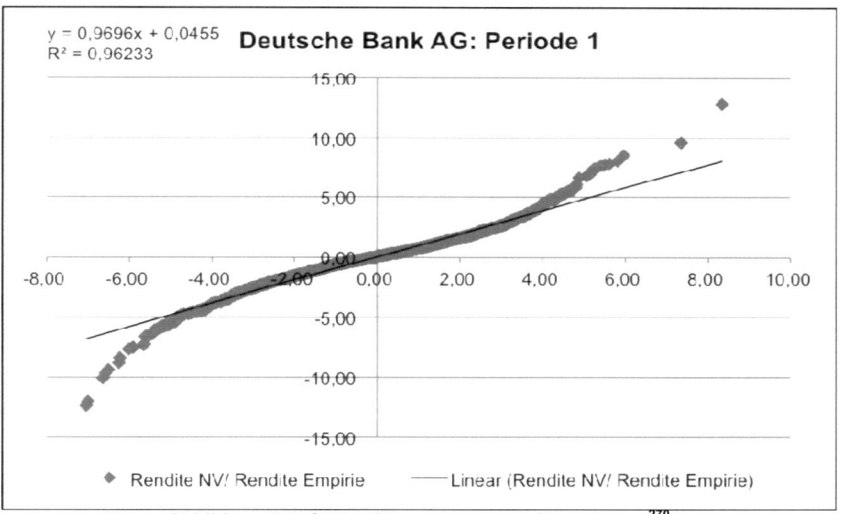

**Abbildung 8: NQ-Plot Deutsche Bank AG: Periode 1**[270]

Beim Plot der Deutschen Bank AG vor Ausbruch der Finanzkrise ist festzustellen, dass die Punkte eine grundsätzliche Übereinstimmung mit der Regressionsgeraden aufweisen. Lediglich an den Enden der Verteilung, sowohl im ersten als auch im dritten Quadranten, sind starke Ausreißer, also höhere empirische Gewinne und Verluste vorzufinden als theoretisch angenommen. Damit ist das Modell der Normalverteilung für die Renditenverteilung in Grundzügen gerechtfertigt. Das Bestimmtheitsmaß in Höhe von 0,96233 bestätigt die erste graphische Interpretation. Somit ist die Normal-verteilungsprämisse für

---

[270] Eigene Darstellung und Berechnung, Daten: finanzen.net.

eine Risikomodellierung durch den VaR zwar in Ansätzen erfüllt, umfasst allerdings aufgrund der bereits vorgestellten Fat-Tail-Problematik nicht alle tatsächlichen Risiken.

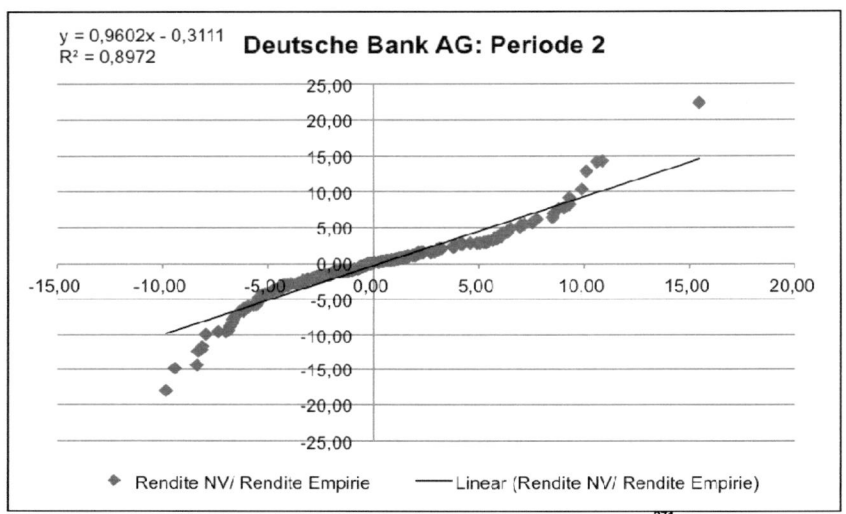

**Abbildung 9: NQ-Plot Deutsche Bank AG: Periode 2**[271]

Während der Finanzkrise weisen die Punkte des Plots eine annähernde Symmetrie zum Ursprung auf, weichen aber deutlich von der Regressionsgeraden ab. Neben den grundsätzlichen Schwankungen der Punkte um die Regressionsgerade sind zudem vermehrt hohe Ausreißer zu beobachten. Speziell im dritten Quadranten sind die empirischen Verluste größer als die theoretisch erwarteten Entwicklungen. Auch das Bestimmtheits-maß mit 0,8972 (Veränderung:0,06513) ist deutlich niedriger als zur Vorkrisenzeit. Damit ist die erwartete Verschlechterung beim Grad der Normalverteilung eingetreten und die Normalverteilungsannahme ist zur Krisenzeit abzulehnen. Die Risiken werden demzufolge nicht adäquat durch den VaR abgebildet.

---

[271] Eigene Darstellung und Berechnung, Daten: finanzen.net.

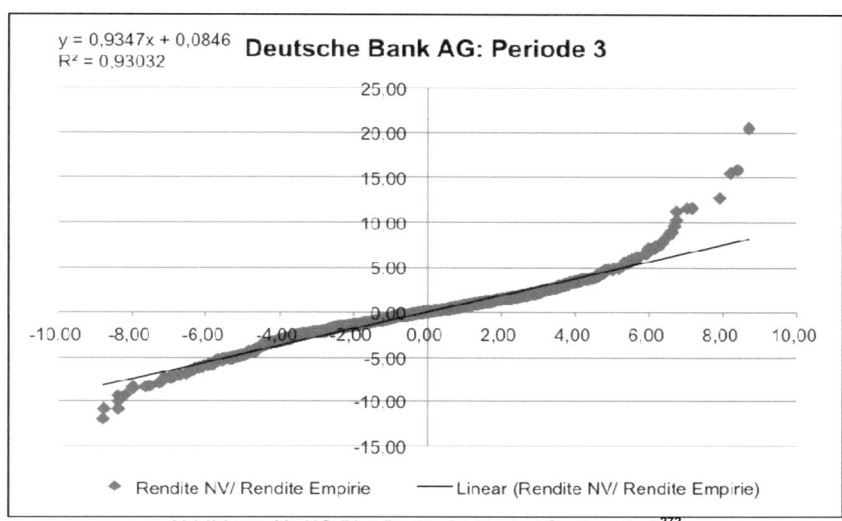

**Abbildung 10: NQ-Plot Deutsche Bank AG: Periode 3**[272]

Im Zeitraum nach 2008 verändert sich die Verteilung im Plot erneut. Die Punkte des Diagramms nähern sich wieder an der Regressionsgeraden an. Trotzdem sind nach wie vor an den Enden der Verteilung extreme Ausreißer auszumachen, wobei es sich dabei im ersten Quadranten vorwiegend um höhere empirische als theoretisch anzunehmende Gewinne handelt. Die empirischen Verluste im dritten Quadranten sind ebenfalls höher als die Verluste der Theorie. Allerdings liegen sie näher an der Regressionsgeraden als die Punkte im ersten Quadranten. Das Bestimmtheitsmaß bestätigt die graphische Interpretation: mit einem Anstieg auf 0,93032 (Veränderung: +0,03312) ist die Normalverteilungsannahme in Ansätzen wieder gegeben und eine Risikomodellierung mittels VaR in Grundzügen zu befürworten; die Fat-Tail-Problematik besteht jedoch nach wie vor.

Die Entwicklung der Normalverteilung der Aktienrenditen von der Deutschen Bank AG kann als repräsentativ für die Entwicklung der untersuchten Aktien

---

[272] Eigene Darstellung und Berechnung, Daten: finanzen.net.

aus der Finanzindustrie angesehen werden. Das wird auf bei einem Blick auf die Veränderungen der Bestimmtheitsmaße im Zeitverlauf deutlich:

| Branche | Name | Periode | Bestimmtheitsmaß | |
|---|---|---|---|---|
| Finanzindustrie | Allianz SE | 1 | 0,94092 | - |
| | | 2 | 0,89849 | ↓ |
| | | 3 | 0,94641 | ↑ |
| Finanzindustrie | Deutsche Bank AG | 1 | 0,96233 | - |
| | | 2 | 0,89720 | ↓ |
| | | 3 | 0,93032 | ↑ |
| Finanzindustrie | Münchner Rück AG | 1 | 0,92873 | - |
| | | 2 | 0,89904 | ↓ |
| | | 3 | 0,95240 | ↑ |

Tabelle 7: Entwicklung von $R^2$ Finanzindustrie[273]

Ebenso ist eine grundsätzliche Übereinstimmung der graphischen Plots über die Beobachtungsperioden festzustellen. Die Streuung um die Regressionsgerade nimmt bei allen drei untersuchten Aktientiteln während der Finanzkrise zu.

Anzumerken ist jedoch, dass die Kursverluste zur Krisenzeit in den Plots der Versicherungstitel deutlich näher an der Regressionsgeraden angesiedelt sind. Demzufolge übersteigen die empirischen Verluste die theoretischen Verluste nicht in dem Ausmaß wie bei der Deutschen Bank AG. Des Weiteren sind die Ausreißer vermehrt im ersten Quadranten zu finden, was für höhere empirische Gewinne spricht.

Diese Ausprägung wird in der folgenden Darstellung der zweiten Periode der Allianz SE stellvertretend für die Versicherungstitel ersichtlich:

---

[273] Eigene Darstellung und Berechnung, Daten: finanzen.net.

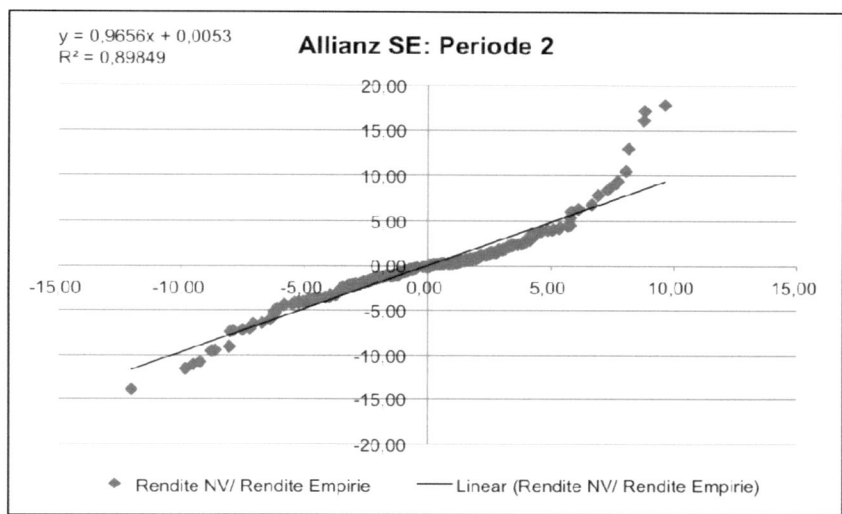

**Abbildung 11: NQ-Plot der Allianz SE: Periode 2**[274]

Nichtsdestotrotz ist auch bei den beobachteten Versicherungstiteln die Normalverteilungsannahme in der Finanzkrise aufgrund der bereits angesprochenen Schwankungen um die Regressionsgerade und der niedrigeren Bestimmtheitsmaße nicht gerechtfertigt. Folglich ist auch hier eine Risikobewertung durch den VaR in Frage zu stellen.

Neben den Finanztiteln sind auch bei konjunkturabhängigen Titeln Einbußen beim Grad der Normalverteilung zu erwarten. Dazu sind in etwa Automobilwerte zu zählen.

Zunächst wird die Entwicklung der Normalverteilung von Aktienrenditen der Volkswagen AG genauer betrachtet:

---

[274] Eigene Darstellung und Berechnung, Daten: finanzen.net.

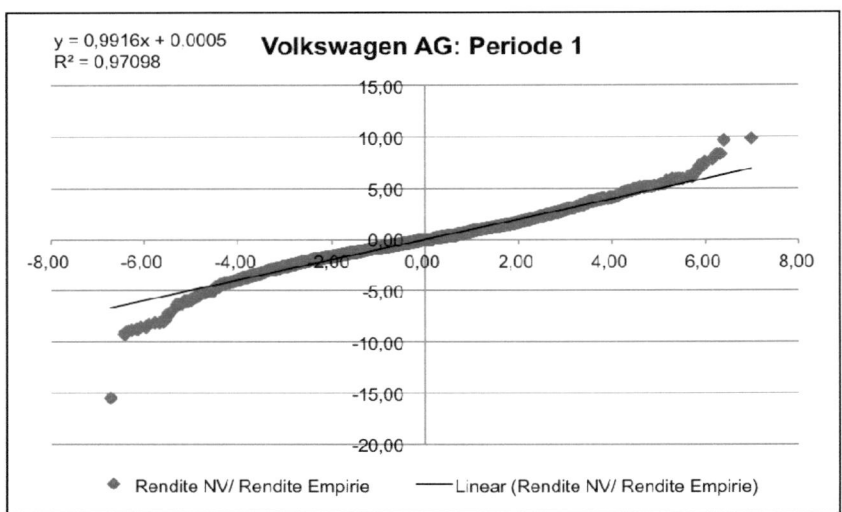

y = 0,9916x + 0.0005
R² = 0,97098

**Volkswagen AG: Periode 1**

Rendite NV/ Rendite Empirie ——Linear (Rendite NV/ Rendite Empirie)

**Abbildung 12: NQ-Plot Volkswagen AG: Periode 1[275]**

Vor der Finanzkrise ist auffällig, dass die Punkte des Plots in der Nähe oder auf der Regressionsgeraden liegen. Lediglich an den Enden der Verteilung, sowohl im ersten als auch im dritten Quadranten, sind höhere empirische Gewinne und Verluste vorzufinden. Das Bestimmtheitsmaß in Höhe von 0,97098 weist eine geringe Abweichung von seinem Idealwert 1,0 auf. Somit ist auch bei dieser Aktie für die erste Beobachtungsperiode die Normalverteilungsprämisse in Grundzügen zu bestätigen und eine Risikomodellierung durch den VaR in Ansätzen erfüllt. Die Modellierung umfasst allerdings aufgrund der bereits angesprochenen Fat-Tail-Problematik auch in diesem Beispiel nicht alle Risiken.

---

[275] Eigene Darstellung und Berechnung, Daten: finanzen.net.

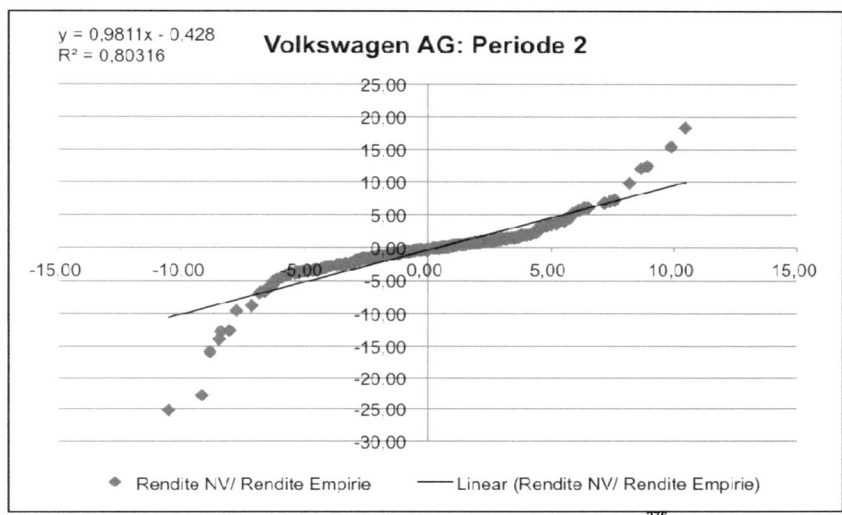

**Abbildung 13: NQ-Plot Volkswagen AG: Periode 2**[276]

Im Zuge der Finanzkrise befinden sich die Punkte des Plots in Symmetrie zum Ursprung und weichen stärker von der Regressionsgeraden ab als vor der Krise. Vor allem im dritten Quadranten sind die empirischen Verluste größer als die theoretisch ermittelten Renditen. Auch das Bestimmtheitsmaß mit 0,80316 (Veränderung:0,16782) befindet sich auf einem niedrigerem Niveau. Damit tritt auch bei der Volkswagen AG die erwartete Verschlechterung hinsichtlich der Modellannahme einer Normalverteilung der Renditen zur Krisenzeit ein. Die Risiken werden demnach nicht korrekt durch den VaR bewertet.

---

[276] Eigene Darstellung und Berechnung, Daten: finanzen.net.

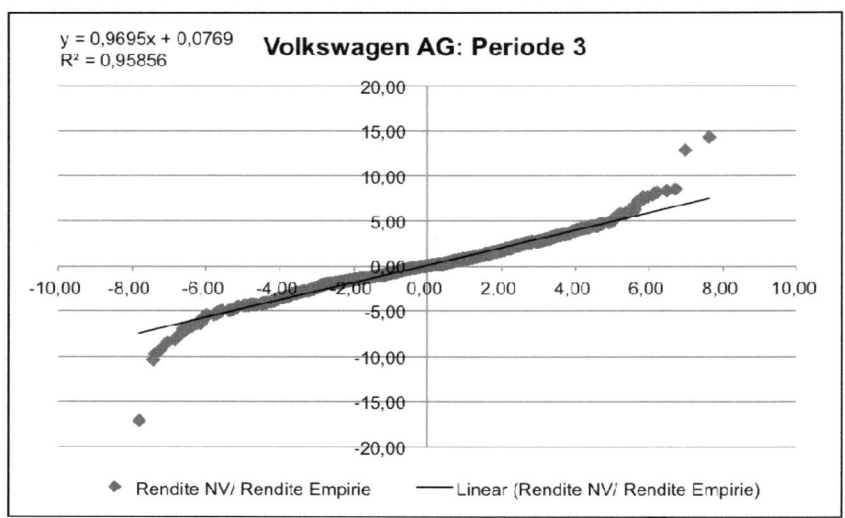

**Abbildung 14: NQ-Plot Volkswagen AG: Periode 3**[277]

Im Zeitraum nach 2008 nähert sich die Verteilung im Plot wieder an die Situation vor der Krise an. Damit liegen die Punkte wieder dichter an der Regressionsgeraden als zur Krisenzeit. Zudem sind nicht mehr derartig extreme Verwerfungen festzustellen, auch wenn an den Enden der Verteilung, im ersten und im dritten Quadranten, nach wie vor Ausreißer zu erkennen sind. Das Bestimmtheitsmaß bestätigt allerdings die erste graphische Interpretation: mit einem Anstieg auf 0,95856 (Veränderung: +0,1554) ist die Normalverteilungsannahme in Ansätzen wieder gegeben und eine Risikomodellierung mittels VaR in Grundzügen zu befürworten.

---

[277] Eigene Darstellung und Berechnung, Daten: finanzen.net.

Das Bestimmtheitsmaß hat sich über die Beobachtungsperioden in der Automobilbranche wie folgt verändert:

| Branche | Name | Periode | Bestimmtheitsmaß | |
|---------|------|---------|------------------|---|
| Automobil | BMW AG | 1 | 0,96316 | - |
| | | 2 | 0,96065 | ↓ |
| | | 3 | 0,96046 | ↓ |
| Automobil | Continental AG | 1 | 0,96206 | - |
| | | 2 | 0,81735 | ↓ |
| | | 3 | 0,93425 | ↑ |
| Automobil | Daimler AG | 1 | 0,96443 | - |
| | | 2 | 0,88837 | ↓ |
| | | 3 | 0,97290 | ↑ |
| Automobil | Volkswagen AG | 1 | 0,97098 | - |
| | | 2 | 0,80316 | ↓ |
| | | 3 | 0,95856 | ↑ |

Tabelle 8: Entwicklung von $R^2$ Automobilbranche[278]

Ebenso ist eine grundsätzliche Übereinstimmung der graphischen Plots der Volkswagen AG und der Continental AG über die Betrachtungsperioden festzustellen. Die Streuung um die Regressionsgerade nimmt bei beiden Aktientiteln in der Finanzkrise zu.

Auffallend ist, dass die Daimler AG weniger starke Einbußen beim Grad der Normalverteilung aufweist. Außerdem fällt die Entwicklung der BMW AG aus dem Raster. Diese Besonderheiten werden in *Kapitel 6.3 Extraordinäre Veränderungen* genauer betrachtet.

Neben der Automobilbranche sind bei den konjunkturell abhängigen Aktientiteln aus der Branche Industrie & High Tech ebenfalls Einbußen beim Grad der Normalverteilung zu erwarten.

Im ersten Schritt wird die Entwicklung bei den Aktientiteln der Linde AG untersucht:

---

[278] Eigene Darstellung und Berechnung, Daten: finanzen.net.

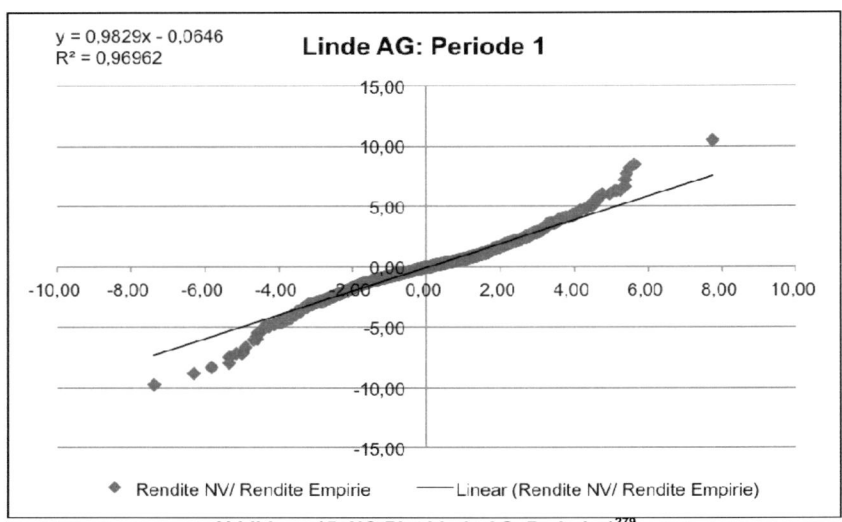

y = 0,9829x - 0,0646
R² = 0,96962

**Linde AG: Periode 1**

**Abbildung 15: NQ-Plot Linde AG: Periode 1[279]**

Bei der Betrachtung dieses Plots vor der Finanzkrise ist herauszustellen, dass die Punkte eine grundsätzliche Übereinstimmung mit der Regressionsgeraden aufweisen. Lediglich an beiden Enden der Renditeverteilung, sowohl im ersten als auch im dritten Quadranten, sind bei der Linde AG Fat-Tails, also ungewöhnlich hohe empirische Gewinne und Verluste im Vergleich zur theoretischen Annahme festzustellen. In Kombination mit dem Bestimmtheitsmaß in Höhe von 0,96962 lässt sich damit das Modell der Normalverteilung für die Renditenverteilung in Grundzügen bestätigen und die Risiken sind in Ansätze durch den VaR in Ansätzen darstellbar.

---

[279] Eigene Darstellung und Berechnung, Daten: finanzen.net.

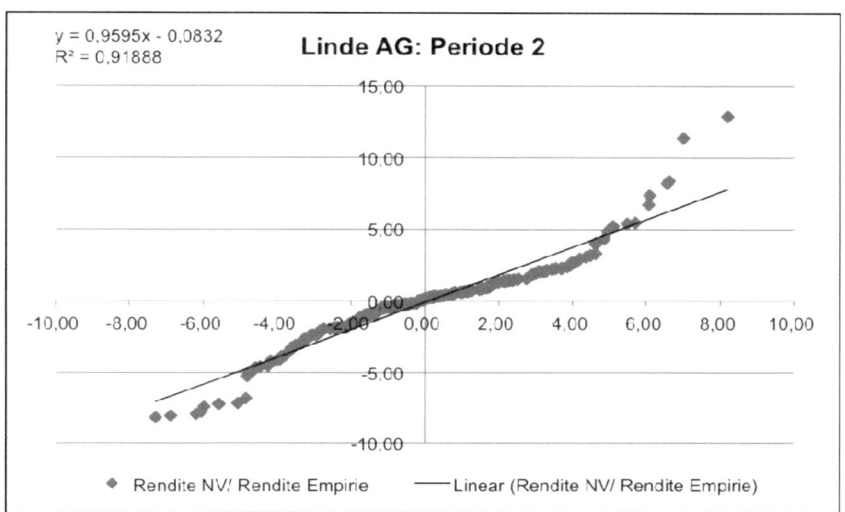
**Abbildung 16: NQ-Plot Linde AG: Periode 2**[280]

Mit dem Eintreten der Finanzkrise schwanken die Punkte der Verteilung stärker um die Regressionsgerade, inklusive höher ausgeprägter Ausreißer im ersten und im dritten Quadranten. Speziell die empirischen Gewinne übersteigen die theoretisch anzunehmenden Renditen. Zusätzlich ist das Bestimmtheitsmaß mit 0,91888 (Veränderung:0,05074) auf einem niedrigerem Niveau. Damit ist die Normalverteilungsannahme der Renditen zur Krisenzeit bei der Linde AG ebenso fragwürdig und die Risiken werden infolgedessen nicht zuverlässig durch den VaR abgebildet.

---

[280] Eigene Darstellung und Berechnung, Daten: finanzen.net.

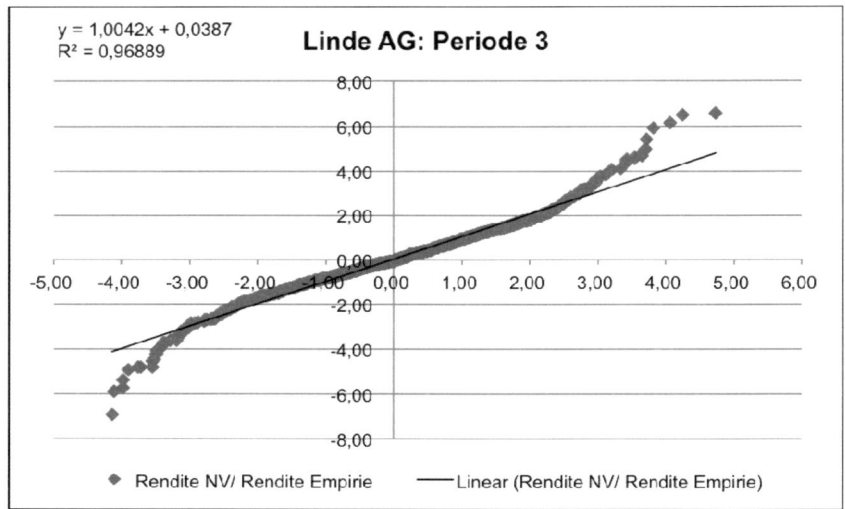

y = 1,0042x + 0,0387
R² = 0,96889

**Linde AG: Periode 3**

Rendite NV/ Rendite Empirie      Linear (Rendite NV/ Rendite Empirie)

**Abbildung 17: NQ-Plot Linde AG: Periode 3[281]**

Im Zeitraum nach 2008 verändert sich die Verteilung im Plot erneut. Die Punkte des Diagramms nähern sich an die Regressionsgerade an. Trotzdem sind nach wie vor an den Enden der Verteilung Ausreißer, also Fat-Tails, festzustellen. Im ersten Quadranten sind die empirischen Kursgewinne deutlich höher als die theoretisch anzunehmenden Gewinne. Die empirischen Verluste im dritten Quadranten sind zudem ebenfalls höher als die Verluste der Theorie. Das Bestimmtheitsmaß bestätigt die graphische Interpretation: mit einem Anstieg auf 0,96889 (Veränderung: +0,05001) ist die Normalverteilungsannahme in Ansätzen wiederhergestellt und eine Risikomodellierung mittels VaR in Grundzügen zu befürworten.

Die Entwicklung der Normalverteilung der Aktienrenditen von der Linde AG ist repräsentativ für die Entwicklung der untersuchten Aktien aus der Branche Industrie & High Tech.

---

[281] Eigene Darstellung und Berechnung, Daten: finanzen.net.

Das wird auf bei einem Blick auf die Veränderungen des Bestimmtheitsmaßes im Zeitverlauf deutlich:

| Branche | Name | Periode | Bestimmtheitsmaß | |
|---------|------|---------|------------------|---|
| Industrie & High Tech | Linde AG | 1 | 0,96962 | - |
| | | 2 | 0,91888 | ↓ |
| | | 3 | 0,96889 | ↑ |
| Industrie & High Tech | Siemens AG | 1 | 0,97322 | - |
| | | 2 | 0,87930 | ↓ |
| | | 3 | 0,96228 | ↑ |
| Industrie & High Tech | ThyssenKrupp AG | 1 | 0,96957 | - |
| | | 2 | 0,93395 | ↓ |
| | | 3 | 0,97468 | ↑ |

Tabelle 9: Entwicklung von $R^2$ Industrie & High Tech[282]

Neben den vergleichbaren Trends der Bestimmtheitsmaße besteht auch hier eine grundsätzliche Übereinstimmung der graphischen Plots. Die Streuung um die Regressionsgerade hat bei allen drei untersuchten Aktientiteln in der Finanzkrise zugenommen.

Auffallend ist allerdings, dass sowohl das Bestimmtheitsmaß als auch die Plots der Siemens AG stärkere Einbußen hinsichtlich der Normalverteilungsannahme aufweisen. Diese Besonderheit wird in *Kapitel 6.3 Extraordinäre Veränderungen* genauer beleuchtet.

Wie zu Beginn dieses Kapitel erwähnt, erfolgt für einige Aktientitel eine exemplarische Interpretation. Diesbezüglich werden Titel mit markanten Entwicklungen gewählt. Im Zuge der Kurseinbrüche an den Börsen sind jedoch neben den bereits vorgestellten Unternehmen auch den Aktientiteln aus den Branchen Telekommunikation & IT wie auch aus der Branche der Versorger, erwartete Einbußen beim Grad der Normalverteilung widerfahren. Für diese Titel bietet die folgende Tabelle einen Überblick über die Entwicklung der Bestimmtheitsmaße der verschiedenen Perioden. Die zugehörigen Plots sind im Anhang der vorliegenden Studie zu finden.

---

[282] Eigene Darstellung und Berechnung, Daten: finanzen.net.

| Branche | Name | Periode | Bestimmtheitsmaß | |
|---------|------|---------|------------------|---|
| Telekommuni-kation & IT | Deutsche Telekom AG | 1 | 0,95973 | - |
| | | 2 | 0,88625 | ↓ |
| | | 3 | 0,92515 | ↑ |
| Telekommuni-kation & IT | SAP AG | 1 | 0,92941 | - |
| | | 2 | 0,86945 | ↓ |
| | | 3 | 0,95835 | ↑ |
| Versorger | E.ON SE | 1 | 0,97534 | - |
| | | 2 | 0,85274 | ↓ |
| | | 3 | 0,96091 | ↑ |
| Versorger | RWE AG | 1 | 0,96707 | - |
| | | 2 | 0,85732 | ↓ |
| | | 3 | 0,95007 | ↑ |

**Tabelle 10: Entwicklung von $R^2$ Telekommunikation & IT/ Versorger[283]**

Die Entwicklung der Bestimmtheitsmaße weißt eine ähnliche Entwicklung wie bei den bereits detaillierter analysierten Aktientiteln auf. In der zweiten Beobachtungsperiode sinkt jeweils das Bestimmtheitsmaß auf ein niedrigeres Niveau. Zusätzlich nimmt bei allen vier Titeln die Streuung der Renditen um die Regressionsgerade in der zweiten Periode zu.

Diese Aussagen lassen sich ebenso für den DAX 30 Index treffen, dem alle bereits vorgestellten Aktientitel angehören. Die Bestimmtheitsmaße der Renditeverteilung entwickeln sich über die Beobachtungsperioden wie folgt:

| Branche | Name | Periode | Bestimmtheitsmaß | |
|---------|------|---------|------------------|---|
| Index | DAX 30 | 1 | 0,96651 | - |
| | | 2 | 0,89086 | ↓ |
| | | 3 | 0,96946 | ↑ |

**Tabelle 11: Entwicklung von $R^2$ DAX 30 Index[284]**

Auch beim DAX 30 Index nimmt in Periode 2 im Plot die Streuung um die Regressionsgerade zu und das Bestimmtheitsmaß sinkt auf ein niedrigeres Niveau. Diese beiden Indikatoren bestätigen die Entwicklung, dass während der Finanzkrise die Renditeverteilungen von Aktientiteln tendenziell weniger durch

---

[283] Eigene Darstellung und Berechnung, Daten: finanzen.net.
[284] Eigene Darstellung und Berechnung, Daten: finanzen.net.

eine Normalverteilung abgebildet sind und damit eine weniger adäquate Bewertung durch den normalverteilungsbasierten VaR möglich ist.

*Exkurs*

Bei der Betrachtung der Bestimmtheitsmaße der Renditeverteilung des US-amerikanischen Leitindex Dow Jones Industrial Average lässt sich feststellen, dass dieser während der Finanzkrise eine ähnliche Entwicklung wie der DAX 30 Index vollzieht.

| Branche | Name | Periode | Bestimmtheitsmaß | |
|---------|------|---------|------------------|---|
| Index | Dow Jones Industrial Average | 1 | 0,95932 | - |
| | | 2 | 0,91234 | ↓ |
| | | 3 | 0,93099 | ↑ |

Tabelle 12: Entwicklung von $R^2$ Dow Jones Industrial Average Index[285]

So nimmt auch bei diesem Index die Streuung um die Regressionsgerade in Periode 2 zu und das Bestimmtheitsmaß sinkt auf ein niedrigeres Niveau. Diese Beobachtungen bestätigen, dass während der Finanzkrise die Renditeverteilungen der Aktientitel des Dow Jones Industrial Average Index weniger normalverteilt sind und damit eine korrekte Bewertung durch den normalverteilungsbasierten VaR fragwürdig ist.

## 6.2  Keine/ minimale Einbußen

Allerdings existieren auch Ausnahmen zu den im vorherigen Abschnitt vorgestellten, erwarteten Einbußen bezüglich der Normalverteilungsannahme von Aktienrenditen. Keine bzw. minimale negative Veränderungen gibt es in den Branchen Chemie, Pharma und Konsumgüter. Deren Aktientitel sind allgemeinhin als sichere Häfen für Investitionen in Krisenzeiten bekannt, was auch an der

---

[285] Eigene Darstellung und Berechnung, Daten: finanzen.net.

Entwicklung der Normalverteilung von Aktienrenditen der Bayer AG zu beobachten ist:

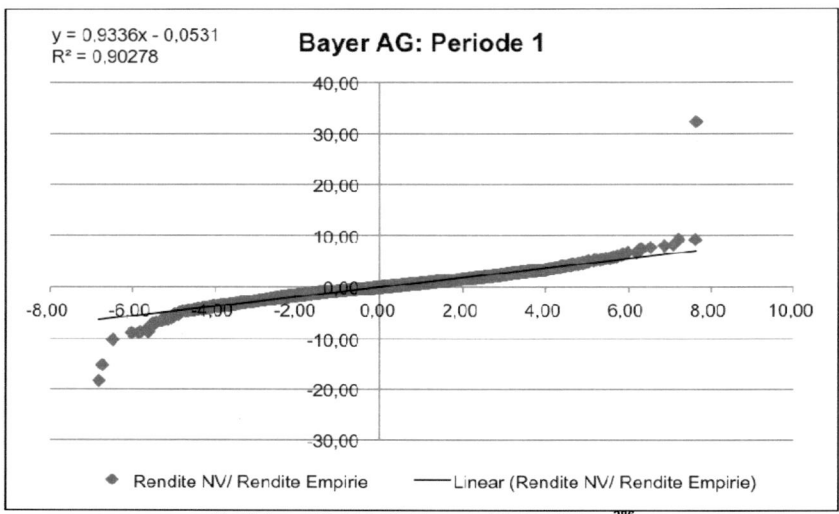

**Abbildung 18: NQ-Plot Bayer AG: Periode 1**[286]

In dem Diagramm ist zu erkennen, dass die Punkte vor der Finanzkrise in der Nähe oder auf der Regressionsgeraden liegen. Im ersten Quadranten gibt es eine geringe Anzahl an Ausreißern. Allerdings sind am Ende der Verteilung im dritten Quadranten deutlich höhere empirische als theoretisch vorzukommende Verluste (Fat-Tails) zu verzeichnen. Das Bestimmtheitsmaß in Höhe von 0,90278 impliziert, dass eine Normalverteilung der Renditen nicht grundsätzlich zu bestätigen ist. Damit ist eine Risikomodellierung durch den VaR für diese Periode fragwürdig.

---

[286] Eigene Darstellung und Berechnung, Daten: finanzen.net.

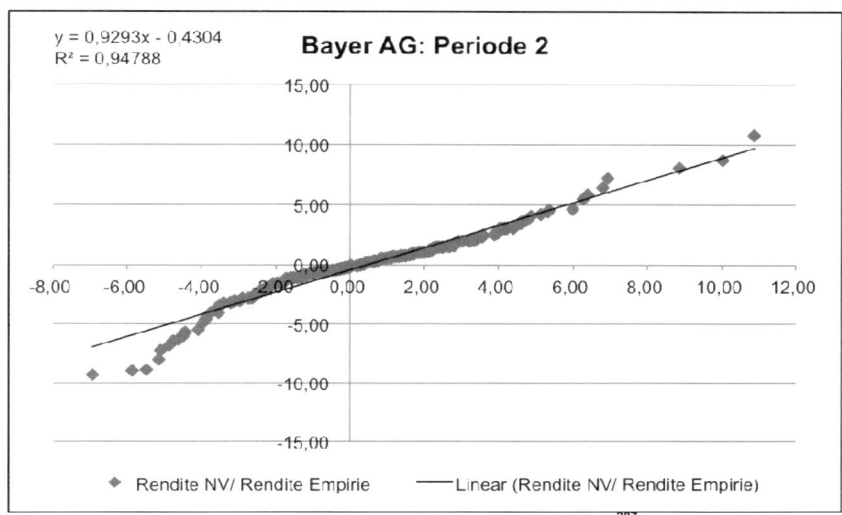

**Abbildung 19: NQ-Plot Bayer AG: Periode 2**[287]

Während der Finanzkrise ist in der Graphik festzustellen, dass die oberen Werte im ersten Quadranten wenig markante Abweichungen von der Regressionsgeraden aufweisen. Allerdings treten im dritten Quadranten im Vergleich zur theoretischen Annahme hohe Verluste (Fat-Tails) auf. Insgesamt schwankt ein Großteil der Punkte leicht um die Regressionsgerade, was auch das Bestimmtheitsmaß in Höhe von 0,94788 (Veränderung: +0,0451) bestätigt. Das bedeutet die Beobachtungen werden in Grundzügen besser durch das Modell der Normalverteilungsannahme beschrieben als vor der Finanzkrise. Die Risiken lassen sich demzufolge auch in der Krisenzeit in Ansätzen adäquat durch den VaR bewerten.

---

[287] Eigene Darstellung und Berechnung, Daten: finanzen.net.

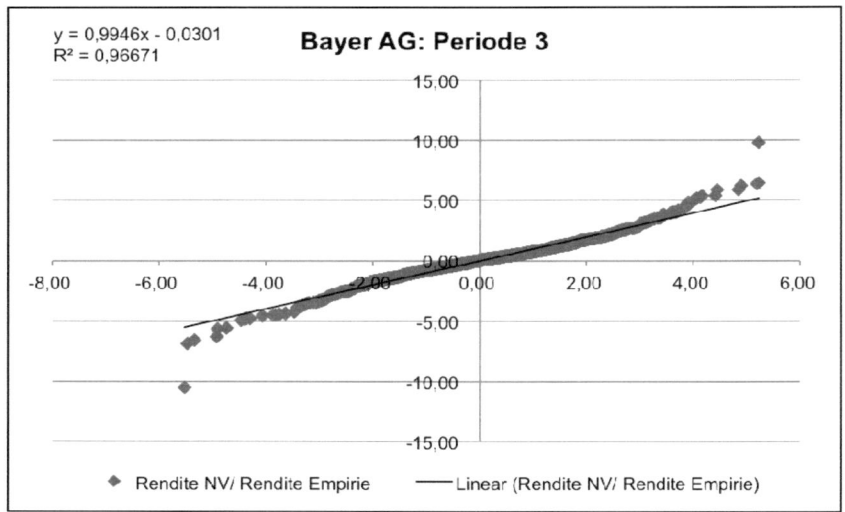

**Abbildung 20: NQ-Plot Bayer AG: Periode 3**[288]

Die Entwicklung nach dem Krisenjahr ist gekennzeichnet davon, dass sich die Punkte des Diagramms weiter an die Regressionsgerade annähern. Auch der erneute Anstieg des Bestimmtheitsmaßes auf 0,96671 (Veränderung: +0,01883) unterstreicht diese Entwicklung. Trotzdem sind nach wie vor Ausreißer (Fat-Tails) an den Enden der Verteilung festzustellen. Nichtsdestotrotz entsprechen die Aktienrenditen der Bayer AG noch stärker der Normalverteilung als in der zweiten Beobachtungsperiode, was eine angemessene Risikomodellierung durch den VaR in Grundzügen erlaubt.

Die Entwicklung der Normalverteilung der Aktienrenditen von der Bayer AG kann als repräsentativ für die grundsätzliche Entwicklung der untersuchten Aktien aus der Chemieund Pharmabranche über die Beobachtungsperioden angesehen werden.

---

[288] Eigene Darstellung und Berechnung, Daten: finanzen.net.

Das Bestimmtheitsmaß hat sich in der Branche wie folgt verändert:

| Branche | Name | Periode | Bestimmtheitsmaß | |
|---|---|---|---|---|
| Chemie & Pharma | Bayer AG | 1 | 0,90278 | - |
| | | 2 | 0,94788 | ↑ |
| | | 3 | 0,96671 | ↑ |
| Chemie & Pharma | Beiersdorf AG | 1 | 0,94236 | - |
| | | 2 | 0,95485 | ↑ |
| | | 3 | 0,97592 | ↑ |
| Chemie & Pharma | Fresenius SE & Co. KGaA | 1 | 0,94443 | - |
| | | 2 | 0,93368 | ↓ |
| | | 3 | 0,97624 | ↑ |

**Tabelle 13: Entwicklung von $R^2$ Chemie & Pharma[289]**

Anzumerken ist jedoch, dass die Beiersdorf AG und die Fresenius SE & Co KGaA ein höheres Bestimmtheitsmaß in Periode 1 aufweisen. Der grundsätzliche Trend, dass keine oder allenfalls minimale Einbußen hinsichtlich der Bestimmtheitsmaße auftreten, ist bei den beobachteten Aktientiteln prinzipiell vergleichbar. Daneben ist ebenso eine grundsätzliche, graphische Übereinstimmung hinsichtlich der Streuung der Renditeverteilungen um die Regressionsgerade über die Betrachtungsperioden festzustellen.

Die Entwicklungen der Aktienrenditen der Henkel AG & Co. KGaA als Vertreterin der Konsumgüterbranche weisen über die verschiedenen Beobachtungsperioden eine ähnliche Entwicklung auf.

---

[289] Eigene Darstellung und Berechnung, Daten: finanzen.net.

In der folgenden Graphik ist die Periode der Krisenzeit visualisiert:

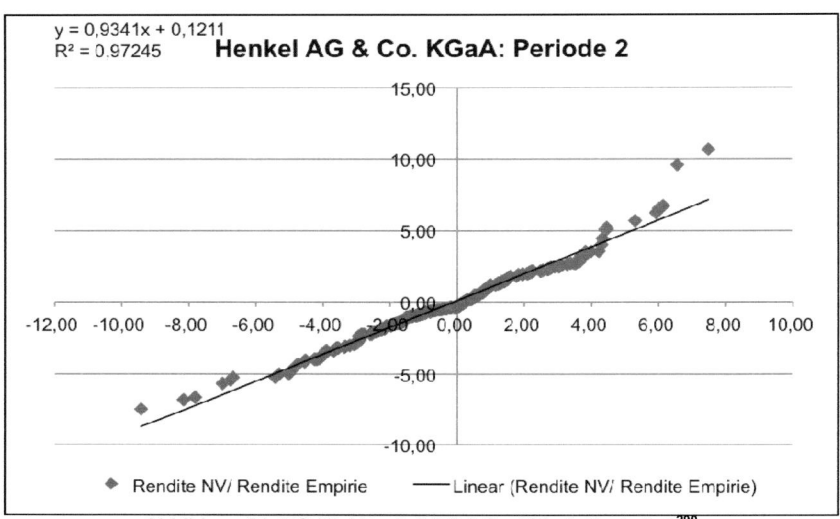

**Abbildung 21: NQ-Plot Henkel AG & Co. KGaA: Periode 2**[290]

In diesem NQ-Plot ist ähnlich zur Bayer AG während der Krisenzeit eine grundsätzlich hohe Übereinstimmung der Punkte mit der Regressionsgeraden zu erkennen. Größere Abweichung von der Regressionsgerade sind lediglich im ersten Quadranten vorzufinden, welche auf höhere empirische Renditen im Vergleich zur theoretischen Annahme zurückzuführen sind. Aus Risiko-gesichtspunkten sind diese überdurchschnittlich hohen Renditen jedoch zu vernachlässigen, da nur die Downside-Risiken in die Risikobewertung mit einfließen und nicht die unerwarteten Chancen. Bei der Betrachtung der Punkte im dritten Quadranten ist auffällig, dass die empirischen Verluste niedriger sind als die theoretisch anzunehmenden Verluste. Neben der hohen graphischen Übereinstimmung impliziert das Bestimmtheitsmaß von 0,97245 (Veränderung: +0,01728) eine grundsätzlich adäquate Abbildung der Risiken mittels einer der normalverteilungsbasierten VaR-Modellierung.

---

[290] Eigene Darstellung und Berechnung, Daten: finanzen.net.

Die Entwicklung nach dem Krisenjahr ist bestimmt durch einen weiteren Anstieg des Bestimmtheitsmaßes auf 0,98247 (Veränderung: +0,01002). Damit sind die Aktienrenditen stärker approximativ normalverteilt und so weiterhin durch eine normalverteilungsbasierte VaR-Modellierung in Grundzügen adäquat bewertet.

| Branche | Name | Periode | Bestimmtheitsmaß | |
|---------|------|---------|------------------|---|
| Konsumgüter | Henkel AG & Co. KGaA | 1 | 0,95517 | - |
| | | 2 | 0,97245 | ↑ |
| | | 3 | 0,98247 | ↑ |

Tabelle 14: Entwicklung von $R^2$ Konsumgüter[291]

## 6.3 Extraordinäre Veränderungen

In diesem Abschnitt werden einige überraschende Entwicklung der Renditever-teilungen vorgestellt, die sich nicht in die bisherigen Raster einreihen lassen. Eine überraschende Entwicklung hinsichtlich der Normalverteilung ist bei den Aktienrenditen der BMW AG im Krisenjahr vorzufinden.

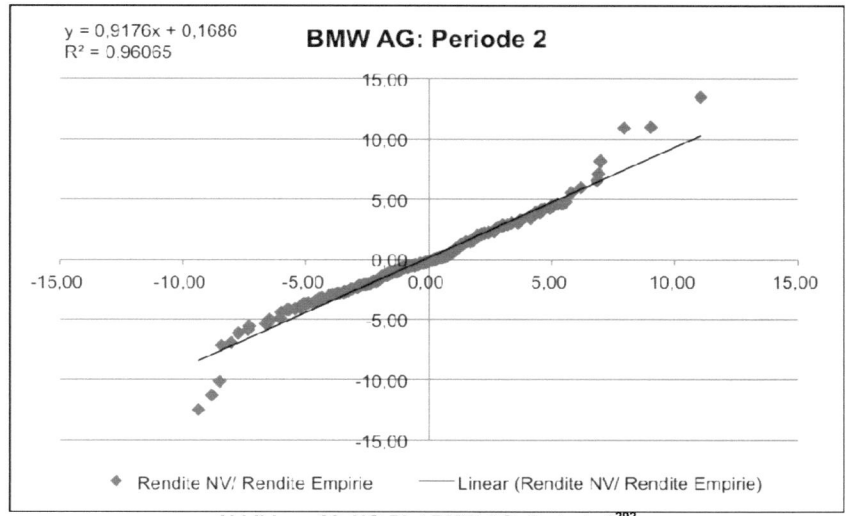

Abbildung 22: NQ-Plot BMW AG: Periode 2[292]

---

[291] Eigene Darstellung und Berechnung, Daten: finanzen.net.
[292] Eigene Darstellung und Berechnung, Daten: finanzen.net.

Im Plot ist zu erkennen, dass eine große Anzahl der Beobachtungen während der Finanzkrise in der Nähe oder auf der Regressionsgeraden liegen. Als wesentliche Ausreißer sind auf positiver Seite im ersten Quadranten und auf negativer Seite im dritten Quadranten lediglich jeweils 3 Beobachtungen festzustellen, welche für die Existenz von Fat-Tails sprechen. In Kombination mit dem Bestimmtheitsmaß in Höhe von 0,96065 ist die Normalverteilungs-annahme der Renditen in Grundzügen zu bestätigen und eine Modellierung auch zur Krisenzeit durch den VaR in Ansätzen zu befürworten.

Vor allem der Vergleich mit den anderen beobachteten Branchenmitgliedern, welche in der zweiten Periode alle erwartungsgemäße Einbußen hinsichtlich der Normalverteilungsannahme zu verzeichnen hatten, zeigt, dass ausschließ-lich die Aktie der BMW AG während der Finanzkrise keine extremen Kursein-brüche zu verzeichnen hat. Damit bestätigt die Aktie hinsichtlich der approxima-tiven Normalverteilung ihrer Renditen nahezu das Vorkrisenniveau.

Im Jahr nach dem Ausbruch der Krise verzeichnet die Aktie der BMW AG ein stabiles Bestimmtheitsmaß auf nahezu konstantem Niveau von 0,96046. Der Plot zeigt ebenfalls eine grundsätzlich weiterhin hohe Übereinstimmung der Punkte mit der Regressionsgeraden trotz existierender Fat-Tails an den Enden der Renditeverteilung. Die Entwicklungen über die drei Beobachtungsperioden sind somit nicht mit den anderen Aktien der Automobilbranche zu vergleichen.

Die Entwicklung hinsichtlich der Normalverteilung der Aktienrenditen im Krisen-jahr sind bei einem weiteren Vertreter der Automobilbranche, der Daimler AG, auffallend.

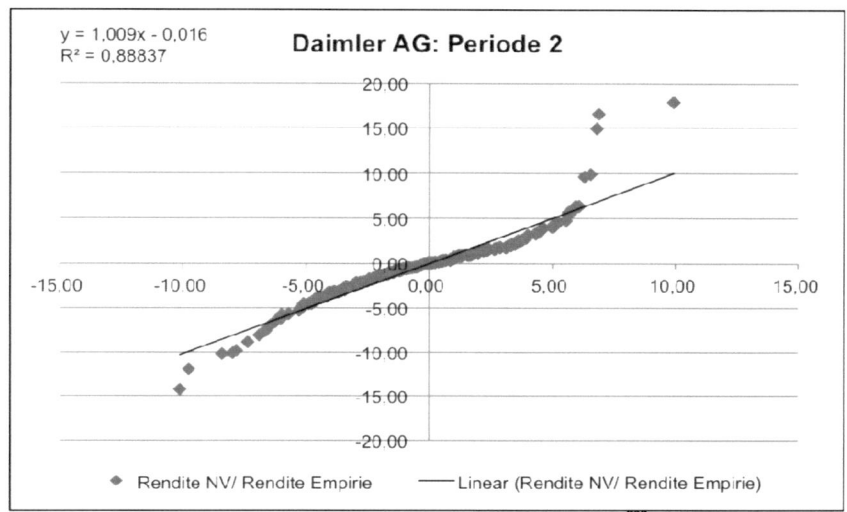

**Abbildung 23: NQ-Plot Daimler AG: Periode 2**[293]

Mit dem Eintreten der Finanzkrise schwanken die Punkte der Verteilung stärker um die Regressionsgerade. Im Zuge dieser Entwicklung treten Ausreißer im ersten und im dritten Quadranten auf. Speziell die empirischen Gewinne übersteigen die theoretisch anzunehmenden Renditen. Zusätzlich ist das Bestimmtheitsmaß mit 0,88837 (Veränderung:0,07606) auf einem niedrigerem Niveau. Damit ist die Normalverteilungsannahme der Renditen zu Krisenzeiten bei der Daimler AG nicht gerechtfertigt, da die Modellierung nicht den empirischen Entwicklungen entspricht. Eine Risikobewertung durch den VaR ist kritisch zu sehen.

Im Vergleich mit den anderen beobachteten Branchenmitgliedern, der Volkswagen AG und der Continental AG, weist die Aktie der Daimler AG geringere Einbußen hinsichtlich der Normalverteilung der Renditen im Krisenjahr auf. So beträgt der Abstieg des Bestimmtheitsmaßes bei der Volkswagen AG 0,16782 und bei der Continental AG 0,14471. Zusätzlich streuen die Punkte des Plots der Daimler AG geringer um die Regressionsgerade.

---

[293] Eigene Darstellung und Berechnung, Daten: finanzen.net.

Nach dem Krisenjahr 2008 steigt das Bestimmtheitsmaß auf 0,9729 (Veränderung: +0,08453). Auch die graphische Übereinstimmung der Punkte mit der Regressionsgeraden hat sich trotz bestehender Fat-Tails verbessert. Damit ist die Normalverteilungsannahme in Ansätzen wieder erfüllt und eine Risikomodellierung mittels VaR in Grundzügen zu befürworten.

Als überraschende Veränderung sind ebenfalls die Einbußen bei der Normalverteilung der Aktienrenditen der Siemens AG im Krisenjahr zu bezeichnen.

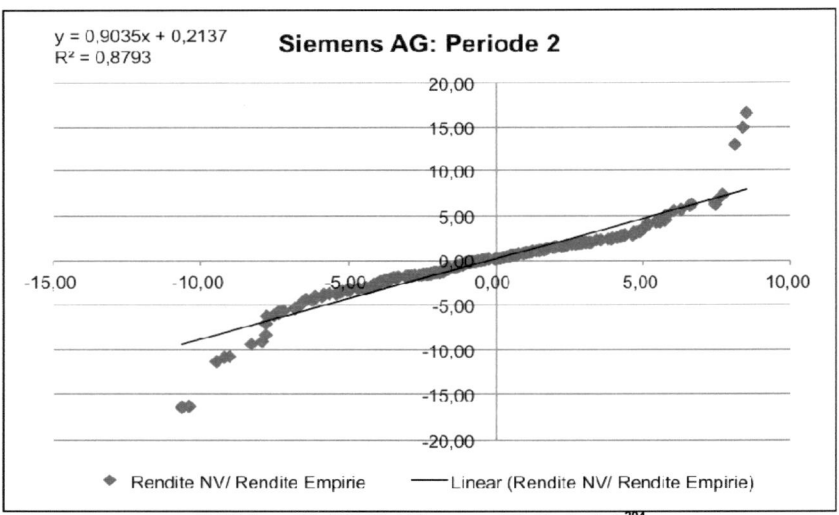

**Abbildung 24: NQ-Plot Siemens AG: Periode 2**[294]

Die Punkte des Plots weisen in der Finanzkrise eine gewisse Symmetrie zum Ursprung auf und schwanken stärker um Regressionsgerade. Zusätzlich treten Ausreißer, also starke Gewinne und in diesem Fall besonders starke Verluste im dritten Quadranten, auf. Diese Ausprägungen bedeuten, dass die empirischen Daten an dieser Stelle größer sind, als die der Normalverteilung. Zudem ist das Bestimmtheitsmaß auf 0,8793 (Veränderung:0,09392) gesunken. Damit werden die Beobachtungen schlechter durch das Modell der Normalverteilung

---

[294] Eigene Darstellung und Berechnung, Daten: finanzen.net.

beschrieben. Somit umfasst eine normalverteilungsbasierte Risikomodellierung durch den VaR nicht die tatsächlichen Risiken.

Im Vergleich zu den anderen Aktientiteln aus der Branche Industrie & High Tech weist die Aktie der Siemens AG deutlich größere Einbußen hinsichtlich der Normalverteilung der Renditen im Krisenjahr auf. So beträgt der Abstieg des Bestimmtheitsmaßes bei den Referenzaktienrenditen der Linde AG 0,05074 und bei der ThyssenKrupp AG 0,03562.

Die Entwicklung nach dem Krisenjahr 2008 ist gekennzeichnet durch einen erneuten Anstieg des Bestimmtheitsmaßes auf 0,96228 (Veränderung: +0,08298). Der Plot zeigt ebenfalls eine erneute Annäherung der Punkte an die Regressionsgerade, auch wenn weiterhin Fat-Tails auftreten. Damit relativiert sich die extreme Ausprägung aus dem Krisenjahr und die Aktienrenditen der Siemens AG sind wieder stärker approximativ normalverteilt sowie in Grundzügen mit dem VaR adäquat bewertet.

# 7 Zusammenfassung und Fazit

Nach der Finanzkrise, im Zeitraum nach 2008, sind die Aktienkursrenditen genau wie vor der Krise approximativ normalverteilt. Auffallend ist jedoch, dass die Renditen im Krisenjahr größtenteils eine weniger starke Normalverteilung aufweisen. Das Ausmaß der Veränderung, sowohl Richtung als auch Stärke, beim Grad der Normalverteilung ist abhängig von der jeweiligen Branche: So sind Finanztitel ebenso wie konjunkturell abhängige Branchen prinzipiell von höheren Einbußen betroffen. Aktien aus den Branchen Chemie, Pharma und Konsumgüter verzeichnen hingegen während der Finanzkrise keine bis minimale Einbußen oder sogar einen höheren Grad der Normalverteilung. Der DAX 30 Index, der alle untersuchten Aktien beinhaltet und damit deren Entwicklung repräsentiert, weist ebenfalls einen geringeren Grad der Normalverteilung während der Finanzkrise auf.

Folglich treten für die Mehrheit der untersuchten Aktien Verwerfungen auf, die theoretisch so nicht existieren sollten. Damit ist keine korrekte Risikobewertung durch die normalverteilungsbasierten Modelle gegeben, weil die Häufigkeit von extremen Kursveränderungen unterschätzt wird. Kommt es also zum Eintritt von außergewöhnlichen Ereignissen, wie der Finanzkrise, ist die Risikomodellierung mittels VaR nicht zutreffend und die Risiken werden nicht adäquat bewertet.

Es konnten nicht alle aufgeworfenen Fragen aus der Analyse der NQ-Plots abschließend beantwortet werden, wie bspw. die Entwicklungen der Aktienrenditen der BMW AG und der Siemens AG im Krisenjahr. Es bestehen somit weiterhin ungeklärte Fragen. Trotzdem wurden die selbst gesteckten Ziele in der Studie erreicht. Die offenen Punkte können im Rahmen einer angeschlossenen Untersuchung näher beleuchtet werden.

Die gewonnenen Erkenntnisse der vorliegenden Studie lassen sich jedoch nicht ohne Weiteres auf zukünftige Krisenfälle übertragen. Wie jede empirische

Untersuchung ist auch die vorliegende Studie von der zugrundeliegenden Datenhistorie[295] geprägt. „Eine Finanzmarktzeitreihe wird .. nur ein einziges Mal generiert und kann daher auch nur ein einziges Mal beobachtet werden."[296] Das bedeutet, dass sich die historischen Entwicklungen, als Zeitpunktbetrachtung, in dieser Form nicht in der Zukunft wiederholen müssen. Es „existieren bei Finanzmarktzeitreihen Strukturbrüche, da sehr viele äussere [!] Einflüsse auf den Wert zum Beispiel einer Aktie einwirken."[297] Die Entwicklungen auf den Aktienmärkten sind u.a. abhängig von „makroökonomische[n] Variablen und .. politische[n] Entscheidungen."[298] Ebenso kann sich die individuelle Situation eines Unternehmens wandeln und damit können die Konsequenzen einer zukünftigen Krise unterschiedlich auf ein Unternehmen einwirken.

---

[295] Ferner besteht eine Abhängigkeit von der Qualität der gewählten Datenquelle. Der Aspekt der Datenreinheit wurde bereits in *Kapitel 5.1 Selektion von Aktien und Generierung der Datenreihen* angesprochen.
[296] Weber, F. (2001), S. 26.
[297] Weber, F. (2001), S. 26.
[298] Weber, F. (2001), S. 26.

# 8 Ausblick

Die inadäquate Bewertung von Risiken zu Krisenzeiten durch den VaR verlangt nach Möglichkeiten, diese Ausnahmesituationen im Risikomanagement berücksichtigen zu können. Da der VaR keine Aussagen liefert, wie groß der Verlust über dem gewählten Konfidenzniveau ist, können die durch Ausreißer bedingten Verwerfungen nicht erfasst werden.[299] Die Robustheit des VaR für unerwartete Risikosituationen kann auf Basis der Ergebnisse der vorliegenden Studie in Frage gestellt werden. Allerdings sollen die Verlustgefahren aus extremen Preisausschlägen innerhalb der Risikosteuerung einbezogen werden.[300] Aus diesem Grund werden Stresstests durchgeführt, „bei denen versucht wird, extrem ungewöhnliche Situationen zu berücksichtigen, um so das Konzept des VaR zu unterstützen."[301] Es können also über den VaR hinausgehende Verluste identifiziert werden.[302]

„Die Stresstests bzw. Szenariobetrachtungen ... erlauben die Simulation von außergewöhnlichen, aber plausiblen Marktentwicklungen oder anderen, unvorhersehbaren Situationen (Schocks), um die Risikolage und Robustheit ... zu testen, und eventuell Gegenmaßnahmen rechtzeitig einleiten zu können."[303] Zusätzlich ermöglichen Stresstests die Prüfung von internen Risikomodellen (inklusive deren Annahmen und Inputparameter) sowie der Gewährung einer integrierten Risikosichtweise.[304]

Zur Durchführung von Stresstests „werden für die jeweiligen Schlüssel-Risikofaktoren unterschiedliche, aber jeweils sehr große Veränderungen angenommen und der daraus jeweils resultierende Portfolioverlust bewertet."[305] Für die Stresstests existieren univariate und multivariate Methoden. Univariate

---

[299] Vgl. Wolke, T. (2007), S. 56.
[300] Vgl. Geiersbach, K. (2010), S. 229.
[301] Wolke, T. (2007), S. 56.
[302] Vgl. Wolke, T. (2007), S. 56.
[303] Geiersbach, K. (2010), S. 229-230.
[304] Vgl. Geiersbach, K. (2010), S. 230.
[305] Wolke, T. (2007), S. 56.

Methoden sind in etwa „Sensitivitätsanalysen, ... Parallelverschiebung bzw. Drehung von Zinskurven oder Veränderungen von Volatilitäten."[306] Multivariate Methoden sind ausgerichtet „auf die simultane Veränderung einer Vielzahl von Risikofaktoren .., z.B. sog. Makro-Stresstests (beispielsweise Rezession, Ölpreisschock), ... hypothetische Szenarien"[307] und historische Simulationen von u.a. real vorgefallenen Börsencrashs.

Nichtsdestotrotz werden mathematisch-statistische Modelle zur Erfassung von Risiken „die Komplexität der Realität aber nie vollständig abbilden können."[308] Angesichts der aktuellen Krise wird die Bedeutung von Szenariobetrachtungen und Überprüfungen der Modellannahmen bzgl. deren Aussagegehalts im Risikomanagement zunehmen. Allerdings existiert diesbezüglich die Restriktion, „dass die zugrunde liegenden Bedingungen und Annahmen von den Entschei- dungsträgern und Mitgliedern des Überwachungsorgans verstanden und richtig interpretiert werden müssen, damit die Risiken kontrolliert eingegangen werden und ... tragbar sind."[309] Außerdem ist die mangelnde Objektivität von Stress- tests zu erwähnen, da die konkrete Gestaltung der Stresstests „von den Be- sonderheiten des jeweiligen Anwenders"[310] abhängig ist. Ebenfalls von Nachteil sind „die nicht vorhandenen bzw. unpräzisen Wahrscheinlichkeiten für den Eintritt des jeweiligen Verlustes"[311] über dem Konfidenzniveau.

Nichtsdestotrotz sind die Stresstests ein probates Instrument, „um zumindest den rein theoretischen Extremverlust, der durch den VaR nicht abgebildet wird, als Zusatzinformation"[312] zu generieren und damit eine normalverteilungs- basierte Modellierung der Marktpreisrisiken mittels dem VaR auch in Krisensi- tuationen durchführen zu können.

---

[306] Geiersbach, K. (2010), S. 230.
[307] Geiersbach, K. (2010), S. 230.
[308] Geiersbach, K. (2010), S. 219-220.
[309] Geiersbach, K. (2010), S. 220.
[310] Wolke, T. (2007), S. 58.
[311] Wolke, T. (2007), S. 58.
[312] Wolke, T. (2007), S. 58.

# Anhang

Auf den folgenden Seiten sind die empirischen Ergebnisse der vorliegenden Studie in Form von Normal-Quantil-Plots zu finden. Diese sind in alphabetischer Reihenfolge nach den Firmennamen sortiert und entstammen dem beigelegten Microsoft Excel Dokument. Es handelt sich bei den Graphiken und Berechnungen ausnahmslos um eigene Darstellungen und eigene Berechnungen. Die zugehörigen Daten wurden, wie bereits eingangs erläutert, von dem Finanzportal finanzen.net bezogen.

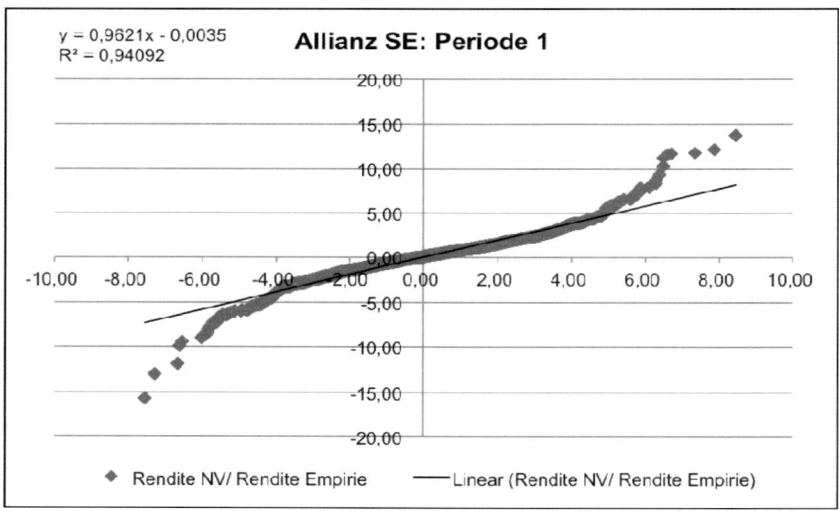

**Abbildung 25: NQ-Plot Allianz SE: Periode 1**

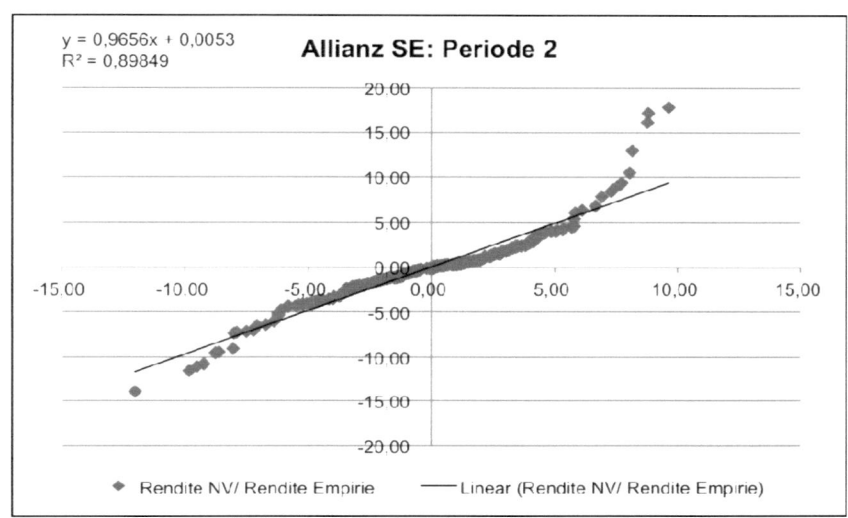

**Abbildung 26: NQ-Plot Allianz SE: Periode 2**

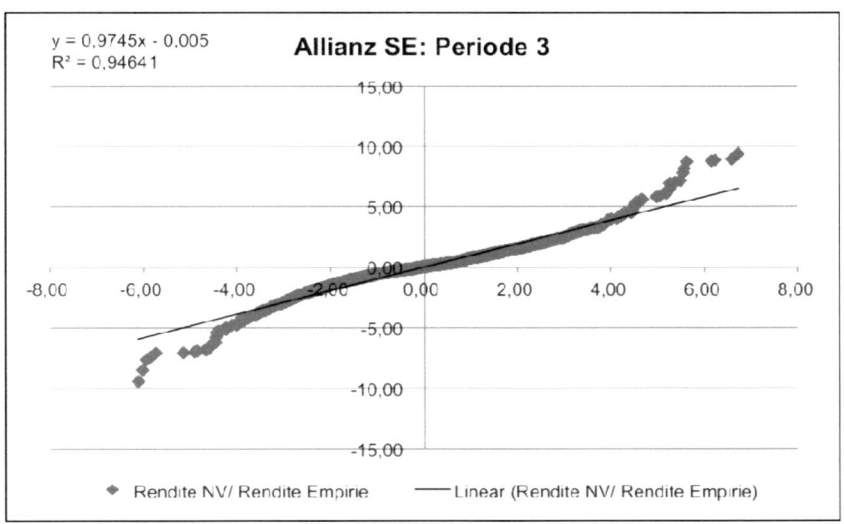

**Abbildung 27: NQ-Plot Allianz SE: Periode 3**

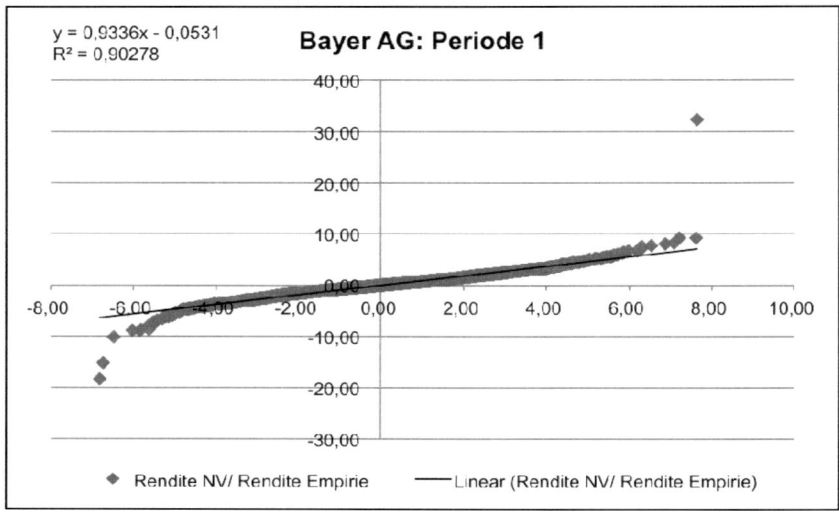

**Abbildung 28: NQ-Plot Bayer AG: Periode 1**

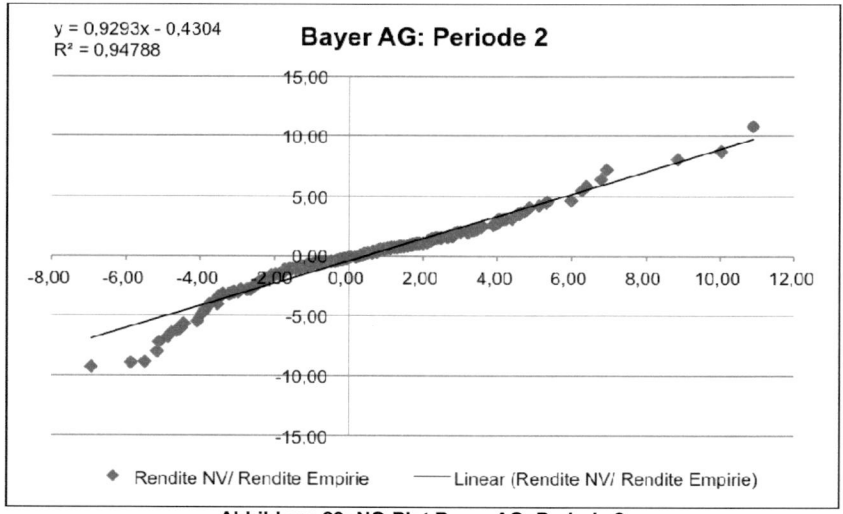

**Abbildung 29: NQ-Plot Bayer AG: Periode 2**

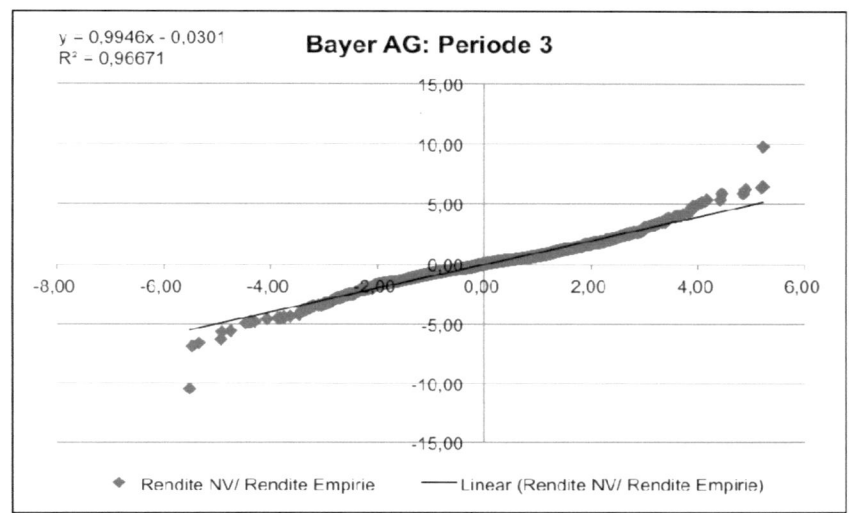

**Abbildung 30: NQ-Plot Bayer AG: Periode 3**

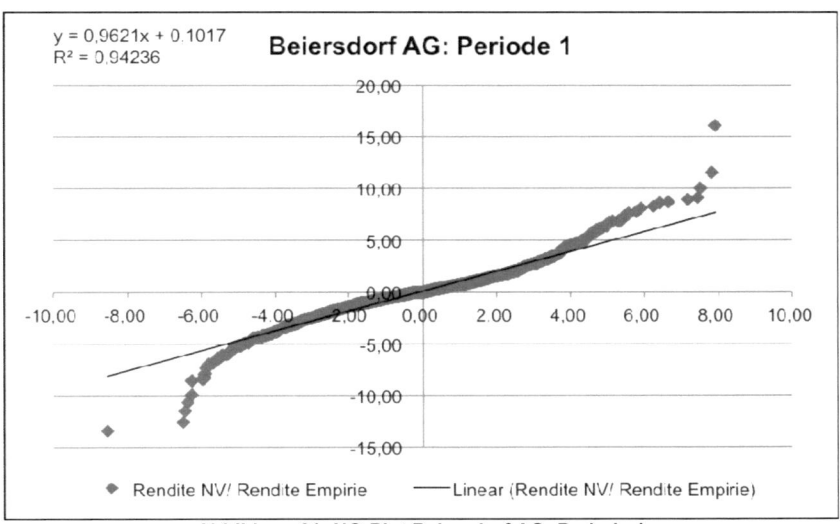

**Abbildung 31: NQ-Plot Beiersdorf AG: Periode 1**

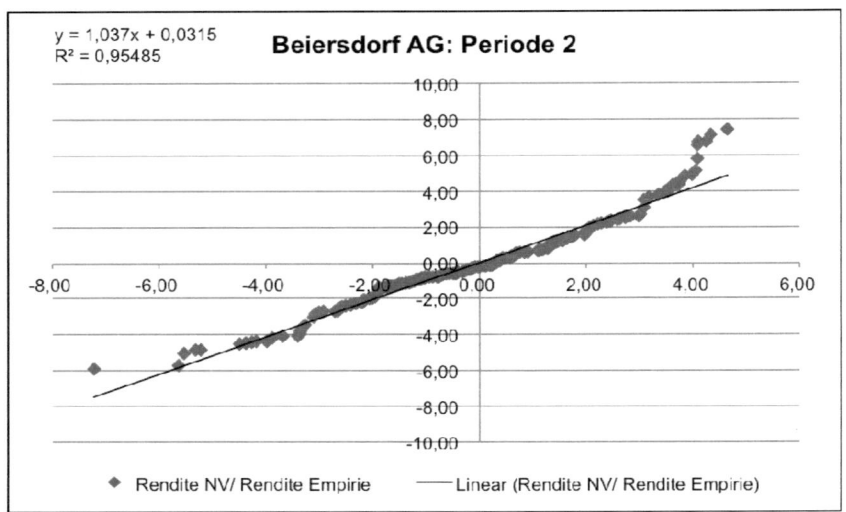

**Abbildung 32: NQ-Plot Beiersdorf AG: Periode 2**

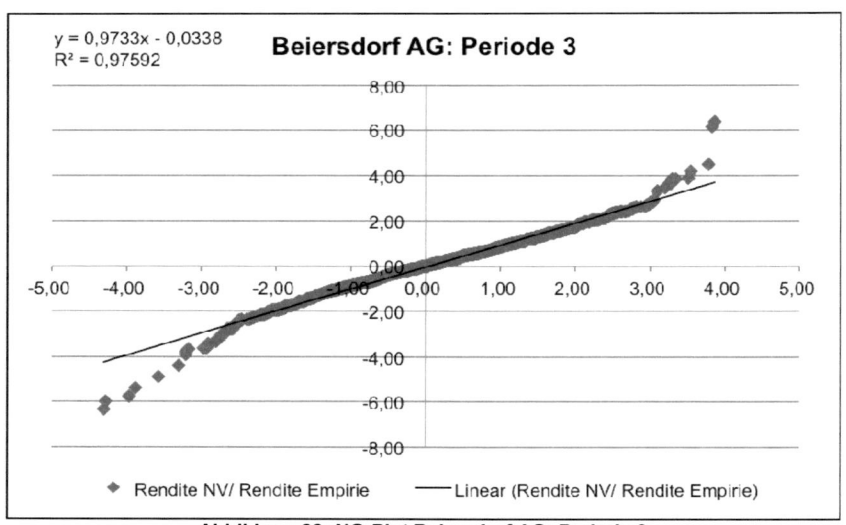

**Abbildung 33: NQ-Plot Beiersdorf AG: Periode 3**

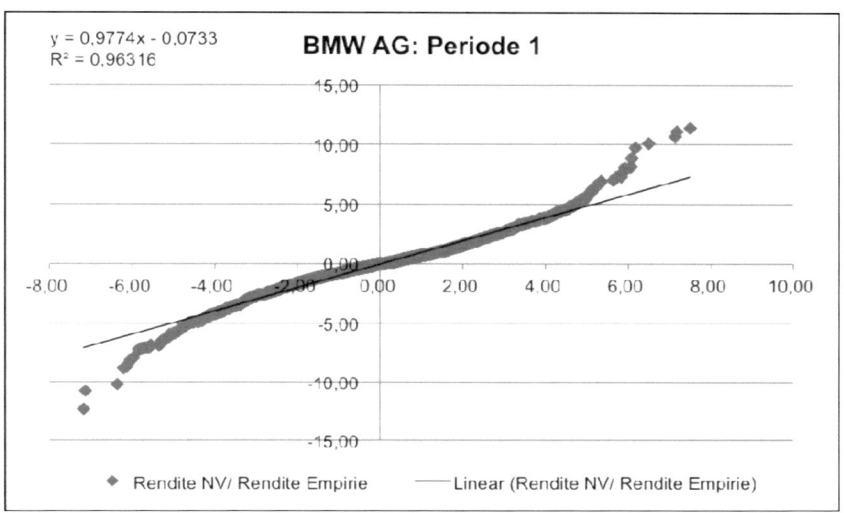

**Abbildung 34: NQ-Plot BMW AG: Periode 1**

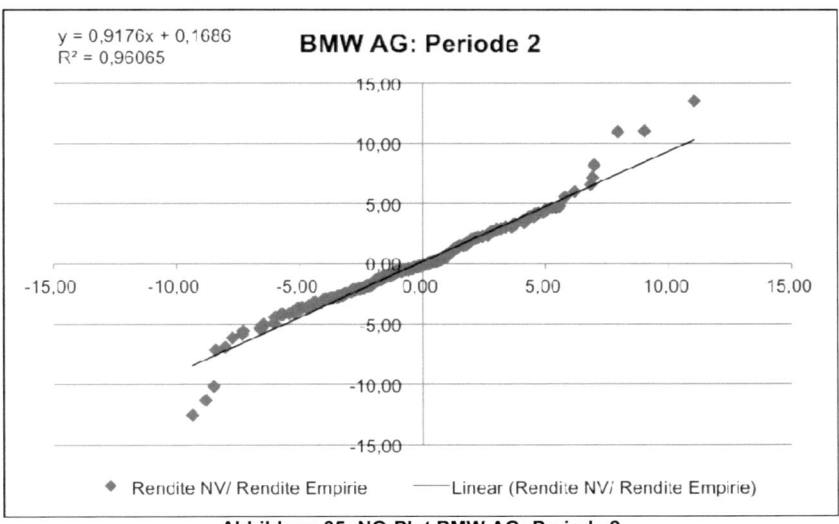

**Abbildung 35: NQ-Plot BMW AG: Periode 2**

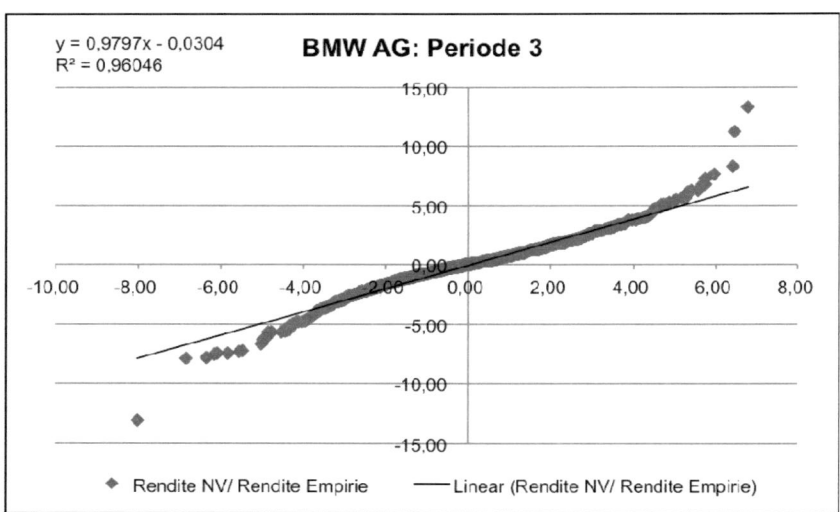

**Abbildung 36: NQ-Plot BMW AG: Periode 3**

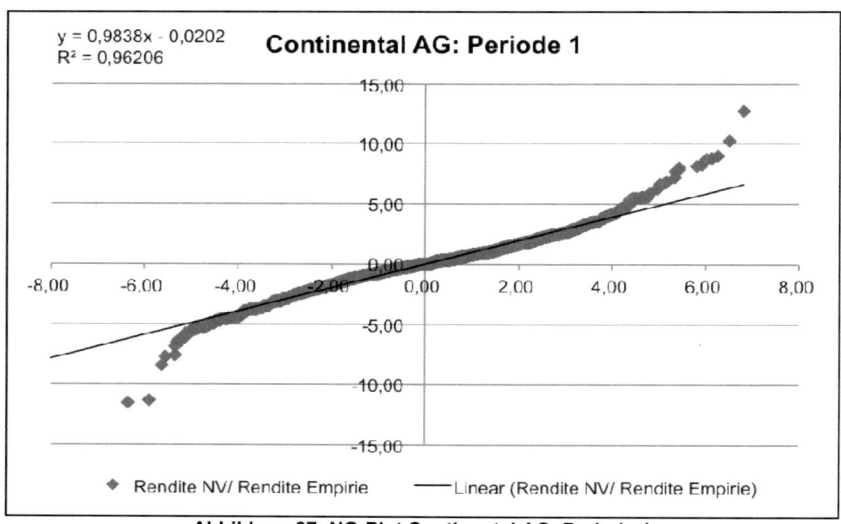

**Abbildung 37: NQ-Plot Continental AG: Periode 1**

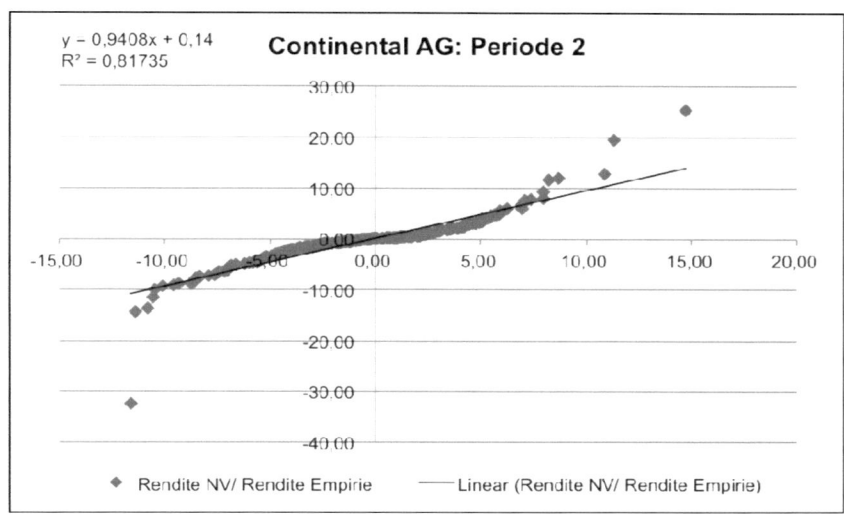

**Abbildung 38: NQ-Plot Continental AG: Periode 2**

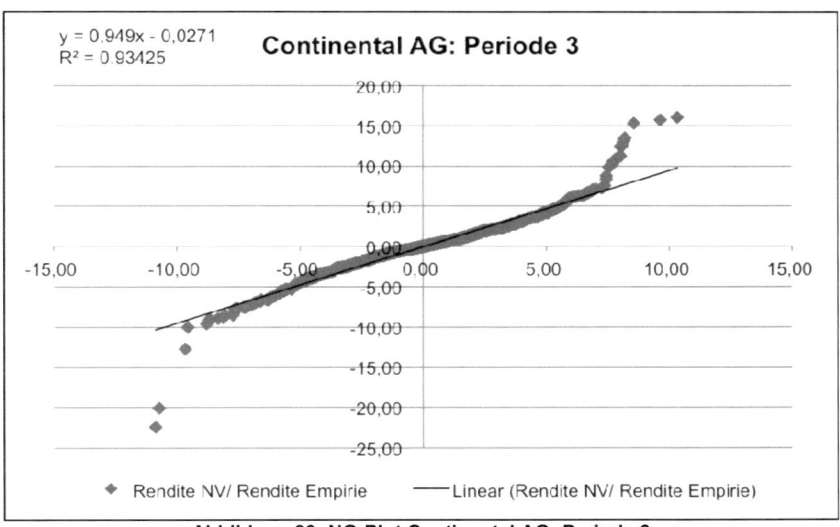

**Abbildung 39: NQ-Plot Continental AG: Periode 3**

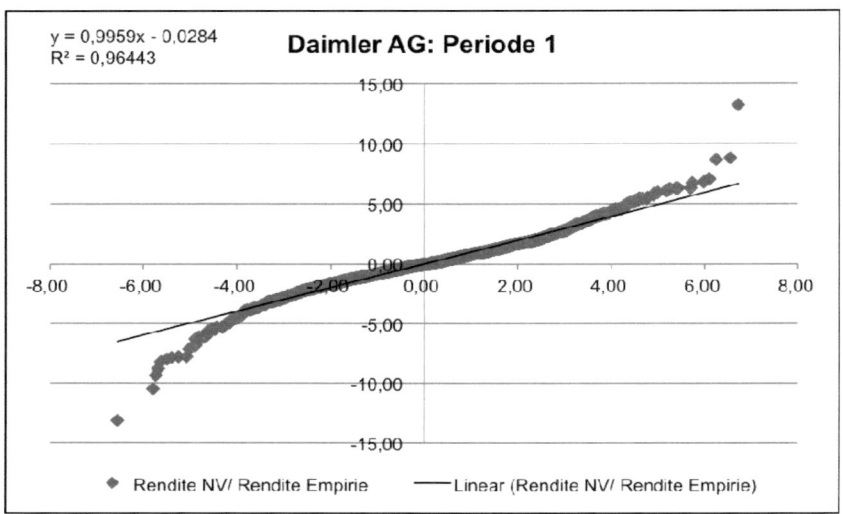

**Abbildung 40: NQ-Plot Daimler AG: Periode 1**

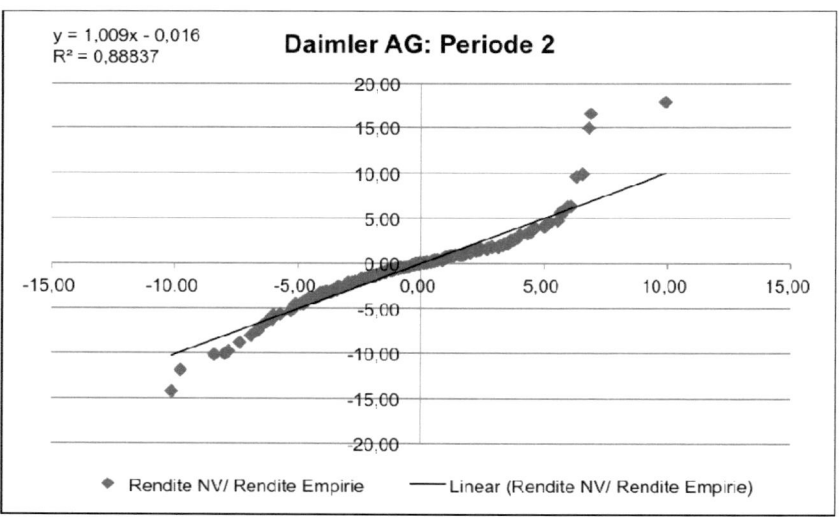

**Abbildung 41: NQ-Plot Daimler AG: Periode 2**

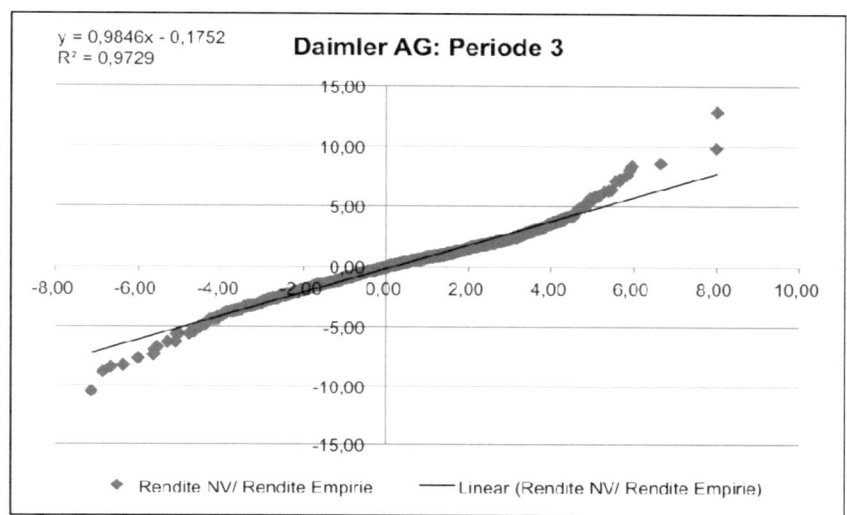

**Abbildung 42: NQ-Plot Daimler AG: Periode 3**

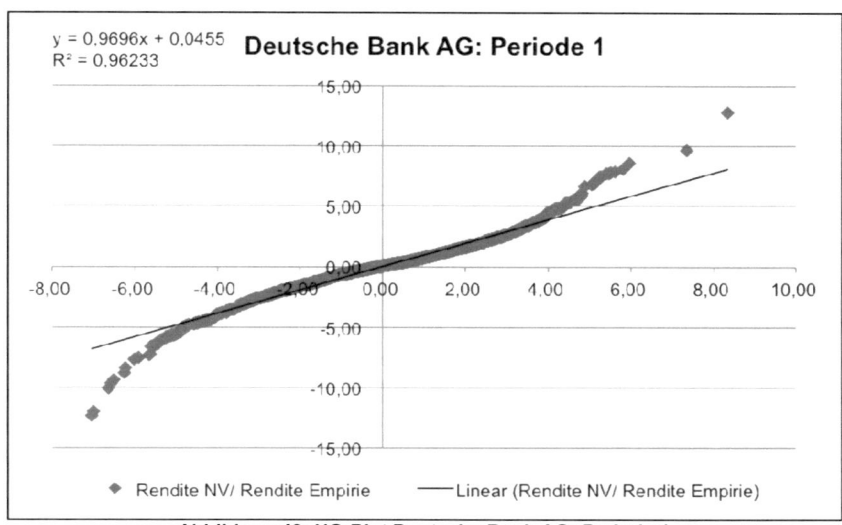

**Abbildung 43: NQ-Plot Deutsche Bank AG: Periode 1**

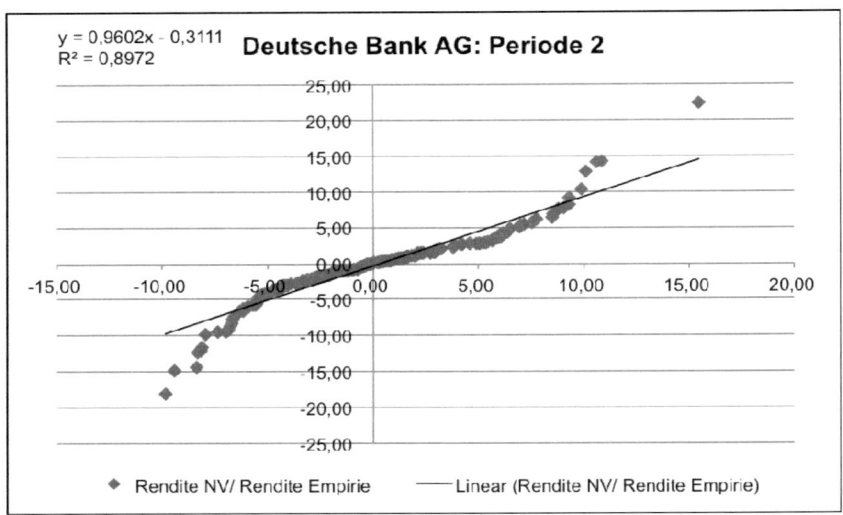

**Abbildung 44: NQ-Plot Deutsche Bank AG: Periode 2**

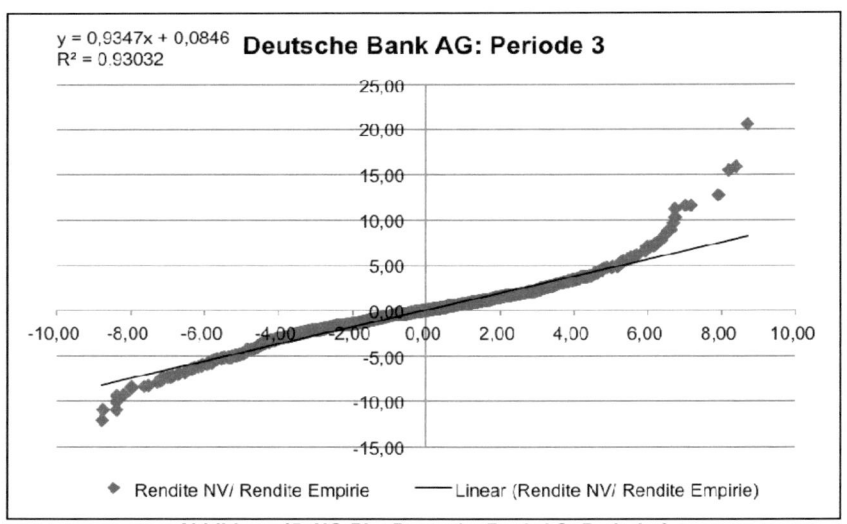

**Abbildung 45: NQ-Plot Deutsche Bank AG: Periode 3**

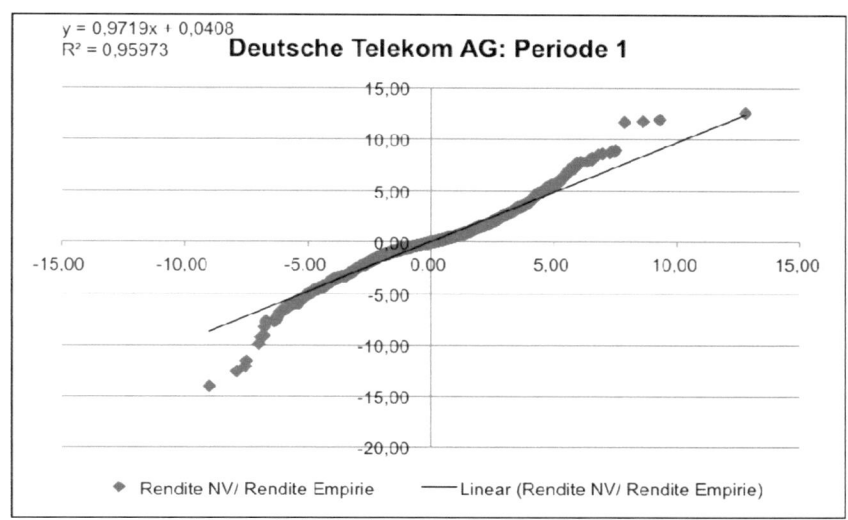

**Abbildung 46: NQ-Plot Deutsche Telekom AG: Periode 1**

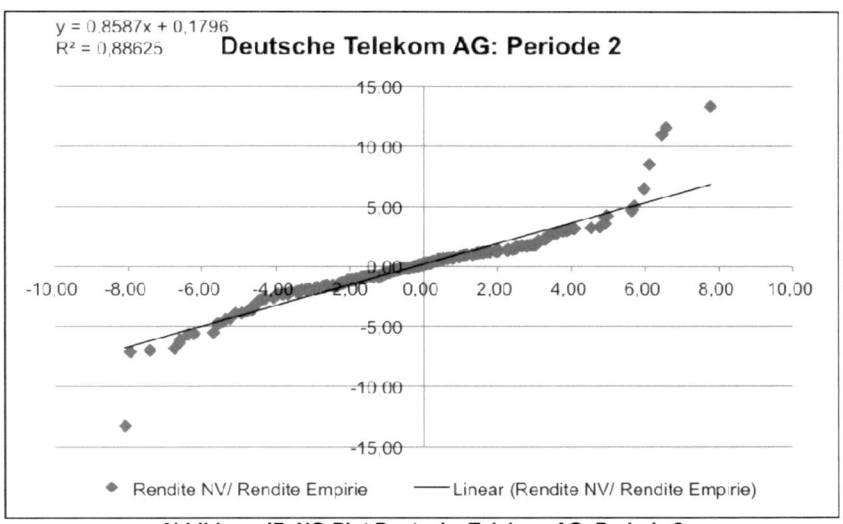

**Abbildung 47: NQ-Plot Deutsche Telekom AG: Periode 2**

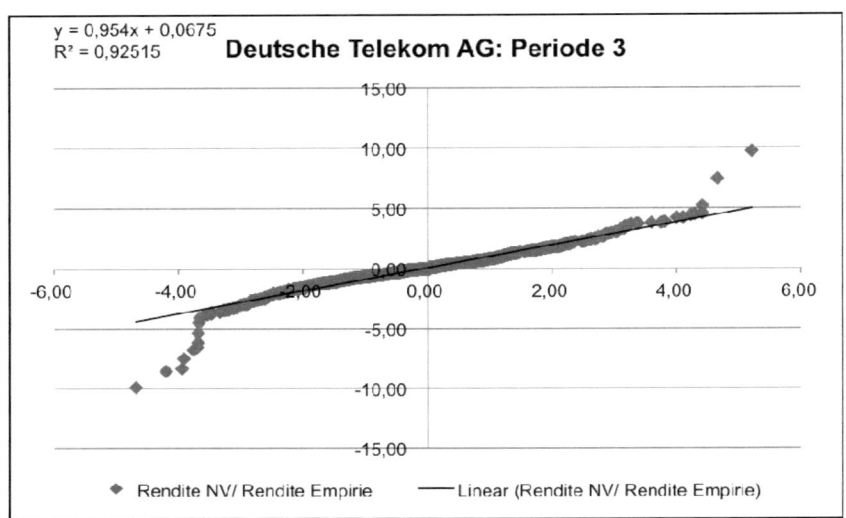

**Abbildung 48: NQ-Plot Deutsche Telekom AG: Periode 3**

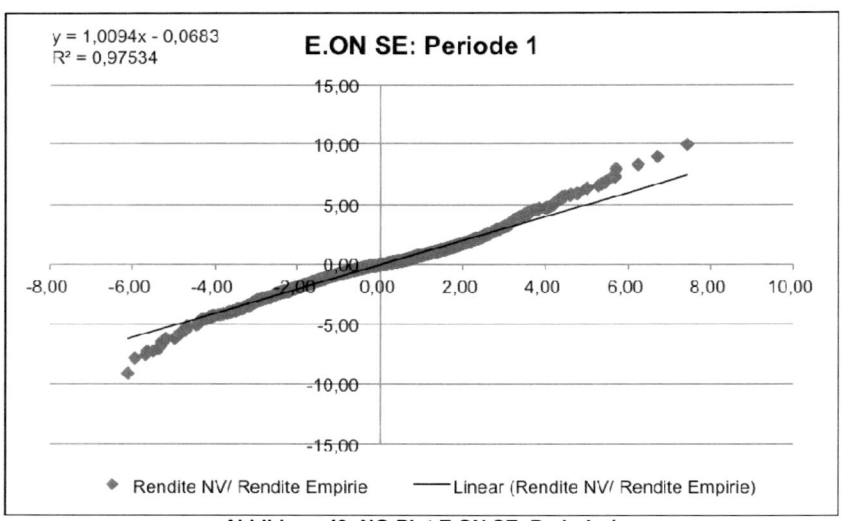

**Abbildung 49: NQ-Plot E.ON SE: Periode 1**

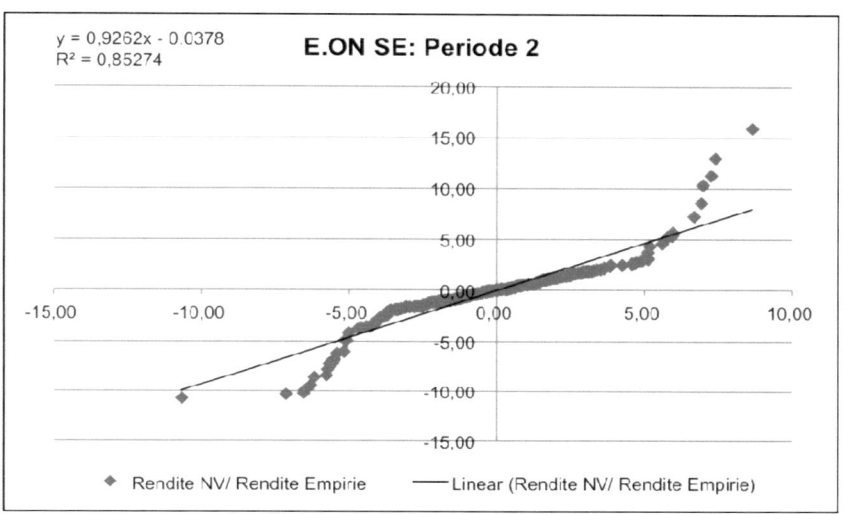

**Abbildung 50: NQ-Plot E.ON SE: Periode 2**

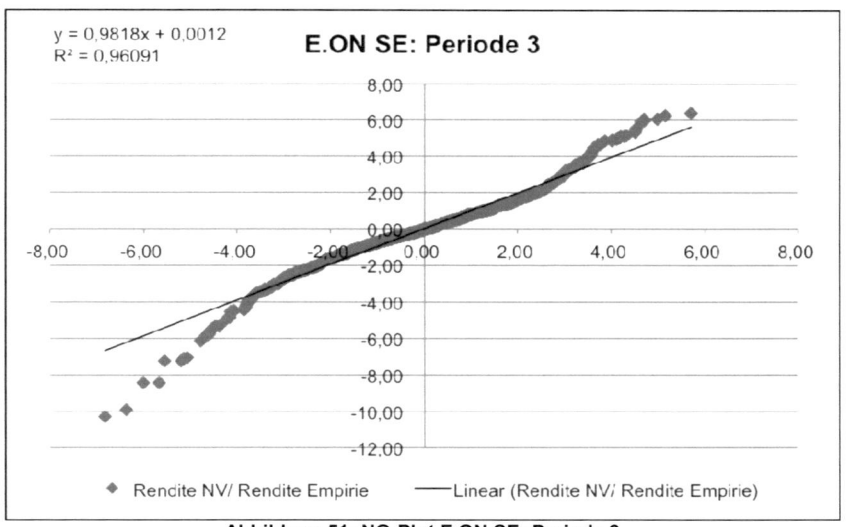

**Abbildung 51: NQ-Plot E.ON SE: Periode 3**

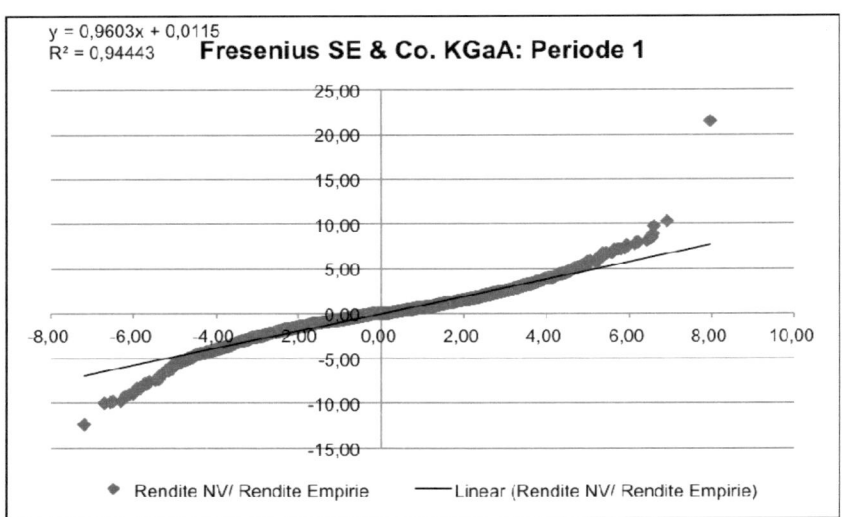

**Abbildung 52: NQ-Plot Fresenius SE & Co. KGaA: Periode 1**

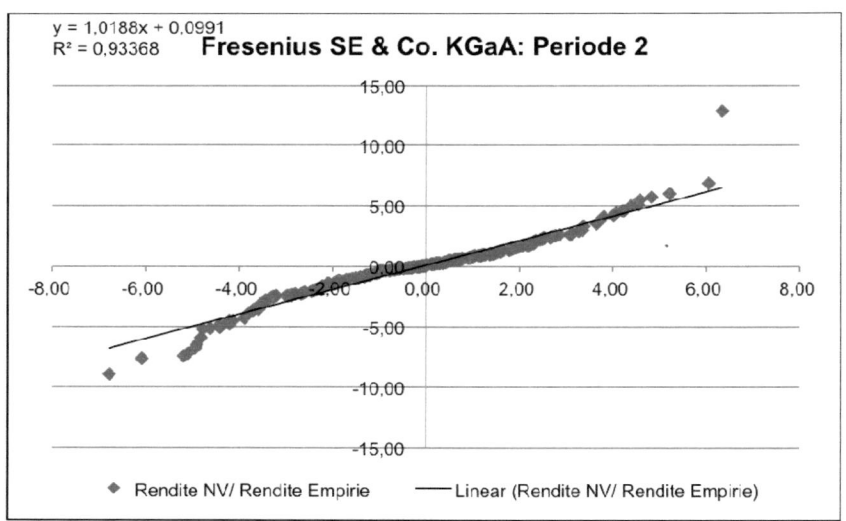

**Abbildung 53: NQ-Plot Fresenius SE & Co. KGaA: Periode 2**

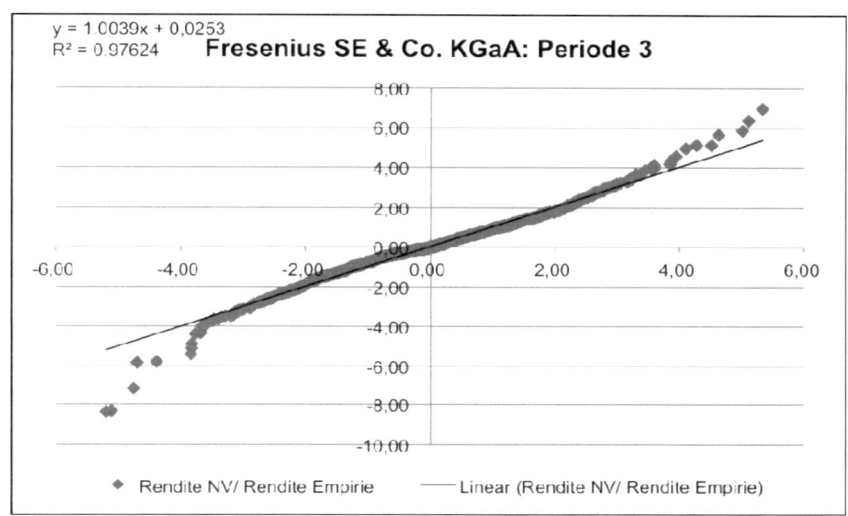

**Abbildung 54: NQ-Plot Fresenius SE & Co. KGaA: Periode 3**

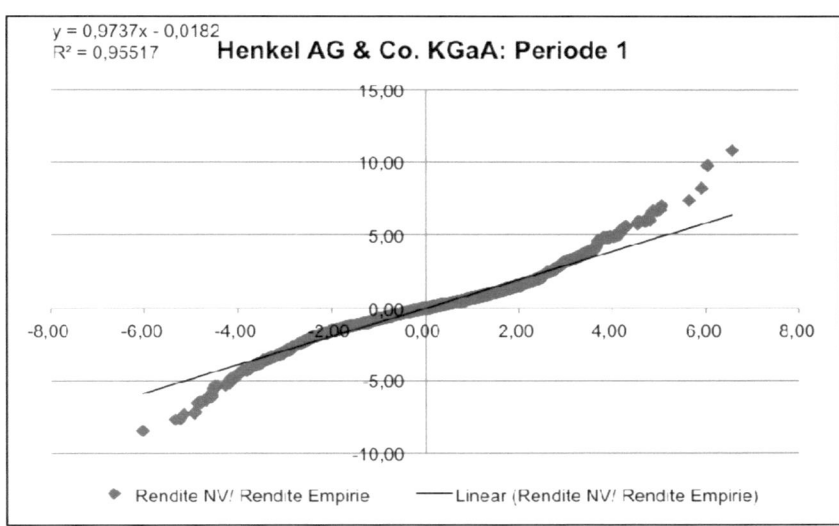

**Abbildung 55: NQ-Plot Henkel AG & Co. KGaA: Periode 1**

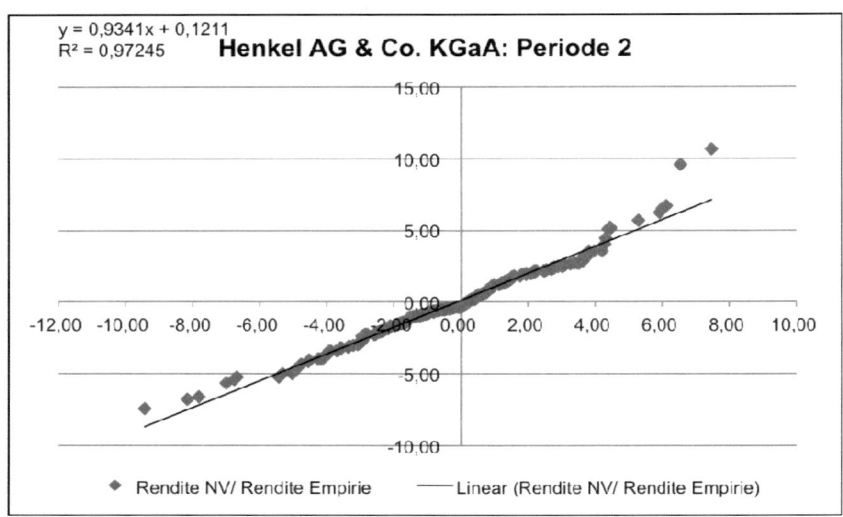

**Abbildung 56: NQ-Plot Henkel AG & Co. KGaA: Periode 2**

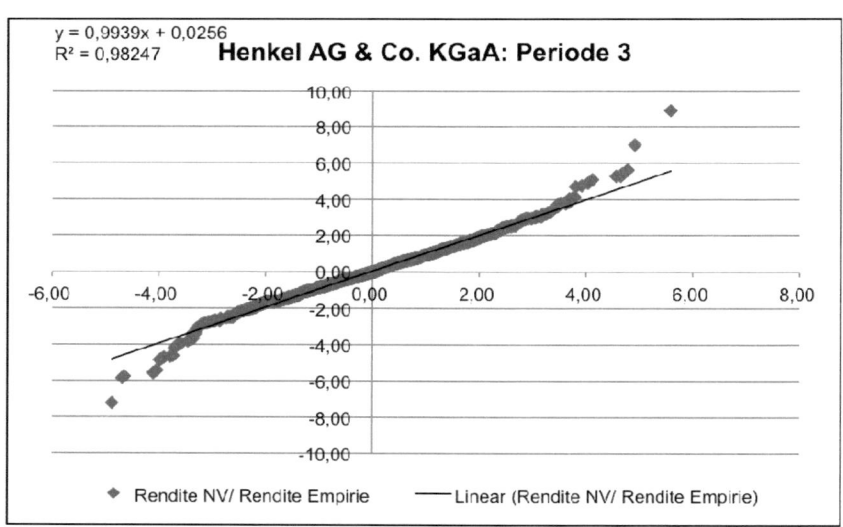

**Abbildung 57: NQ-Plot Henkel AG & Co. KGaA: Periode 3**

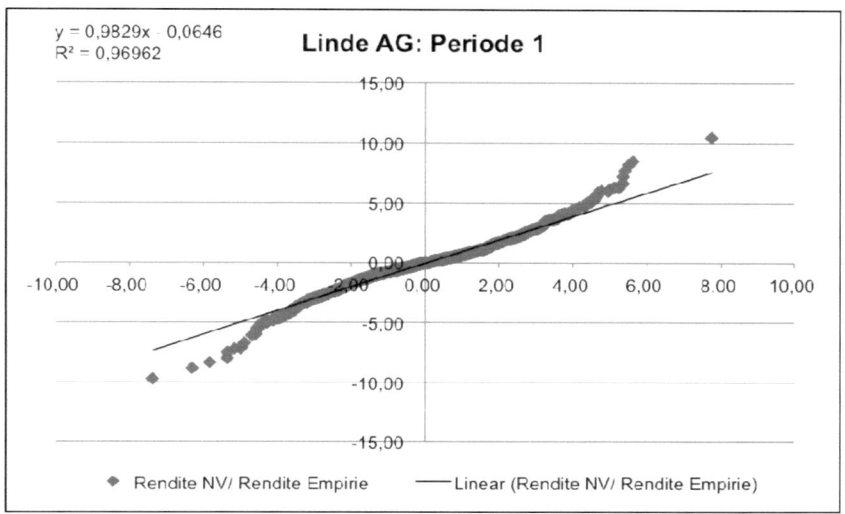

**Abbildung 58: NQ-Plot Linde AG: Periode 1**

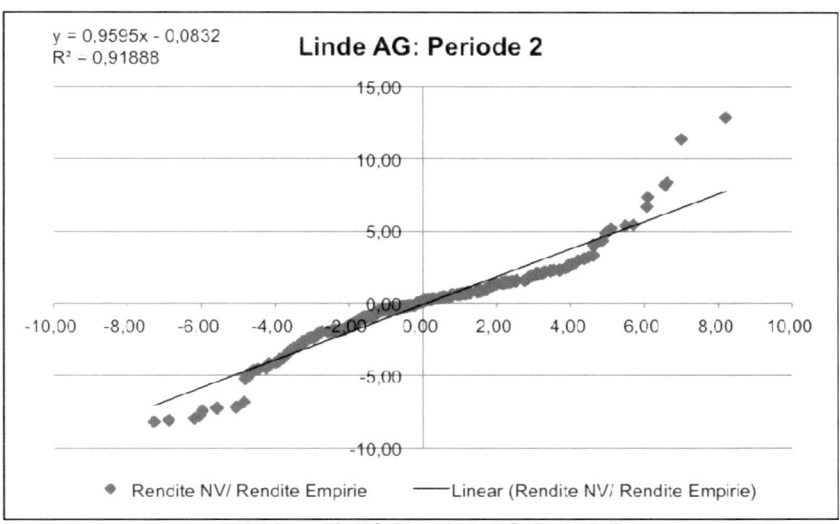

**Abbildung 59: NQ-Plot Linde AG: Periode 2**

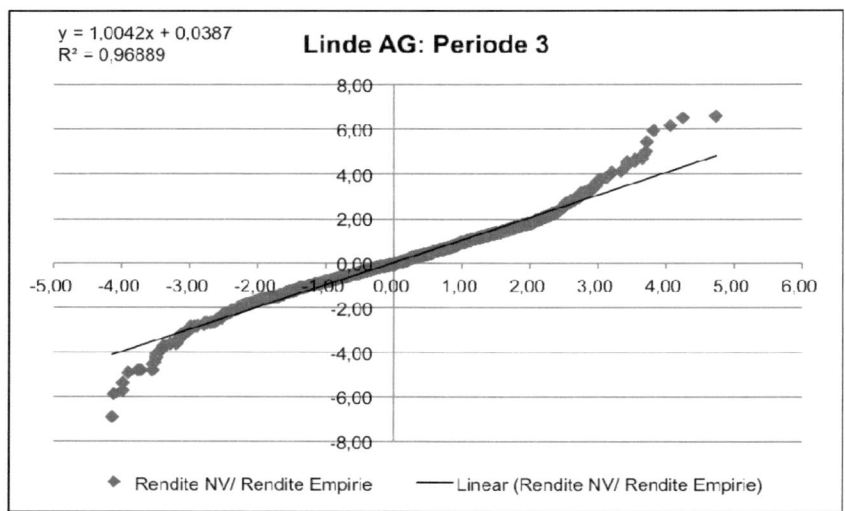

**Abbildung 60: NQ-Plot Linde AG: Periode 3**

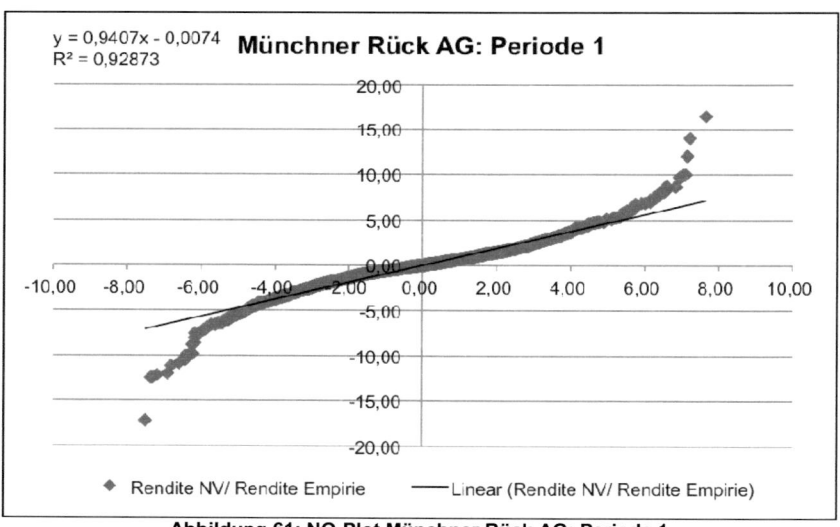

**Abbildung 61: NQ-Plot Münchner Rück AG: Periode 1**

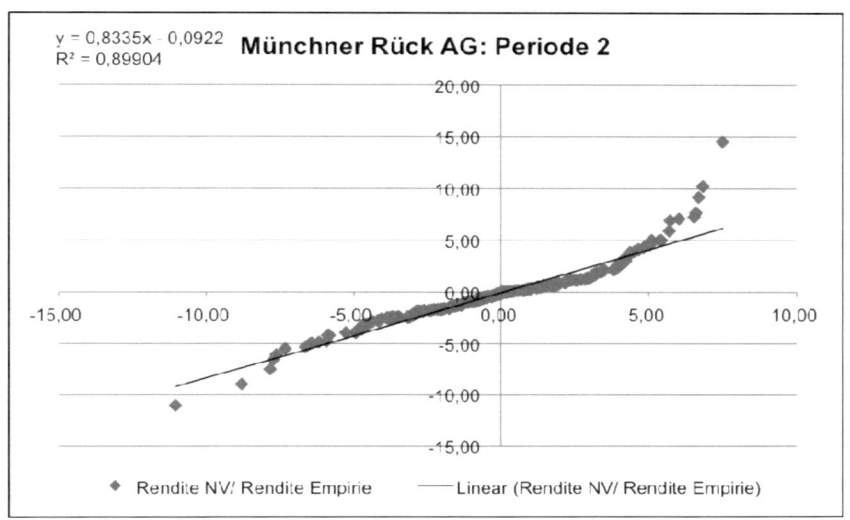

**Abbildung 62: NQ-Plot Münchner Rück AG: Periode 2**

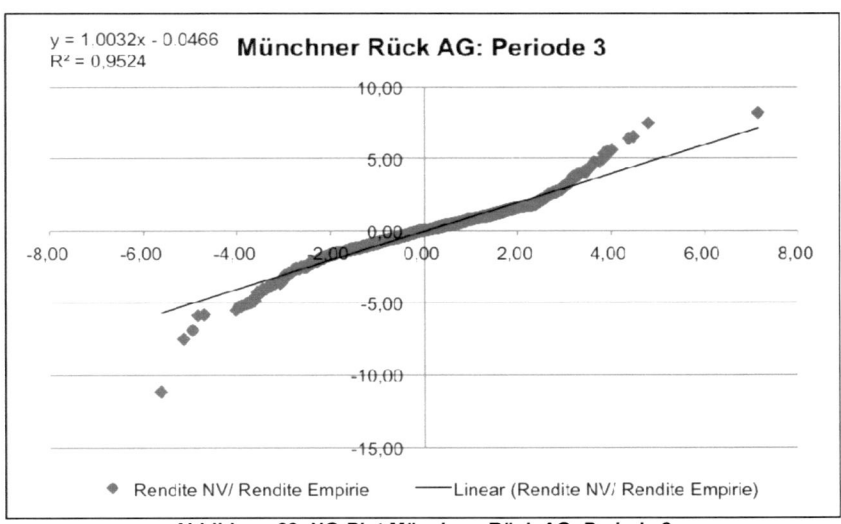

**Abbildung 63: NQ-Plot Münchner Rück AG: Periode 3**

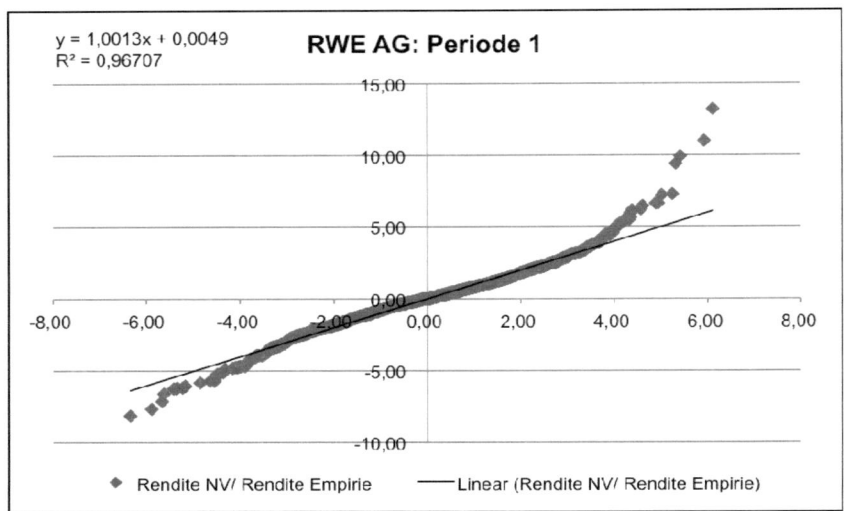

**Abbildung 64: NQ-Plot RWE AG: Periode 1**

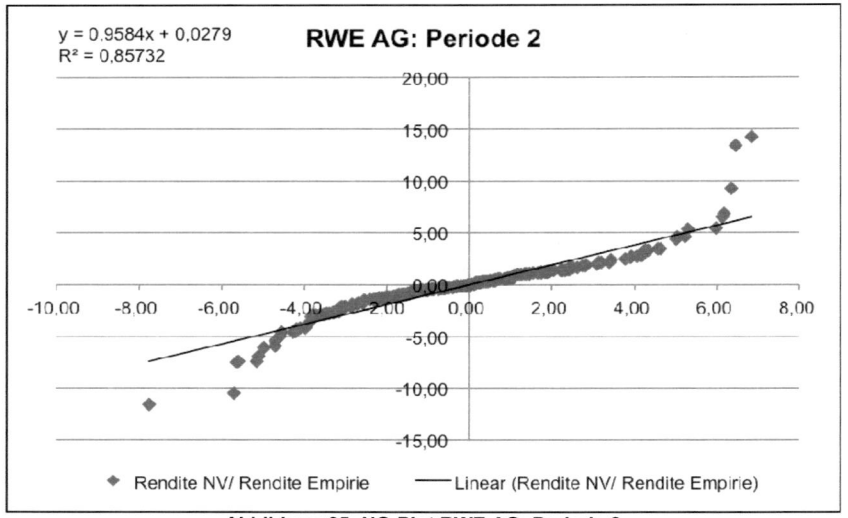

**Abbildung 65: NQ-Plot RWE AG: Periode 2**

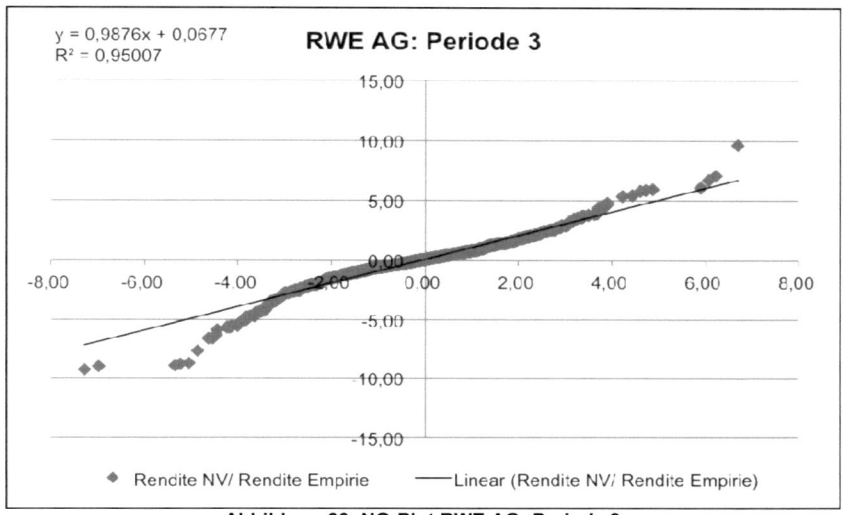

**Abbildung 66: NQ-Plot RWE AG: Periode 3**

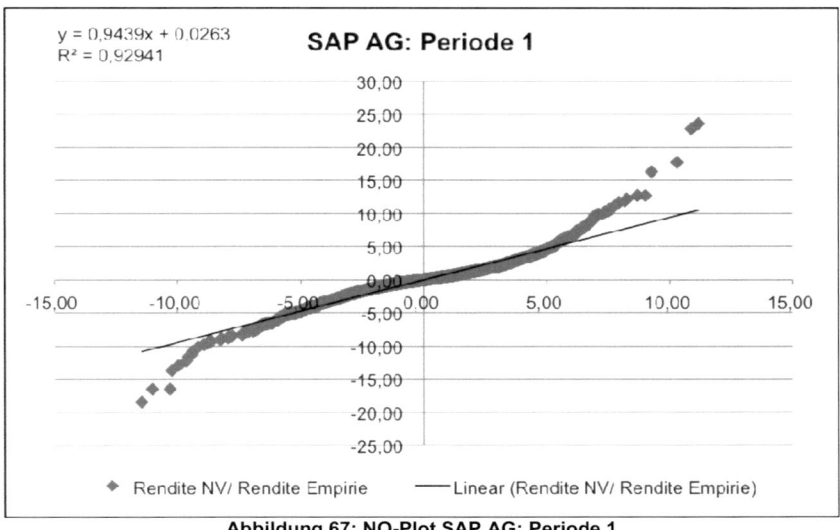

**Abbildung 67: NQ-Plot SAP AG: Periode 1**

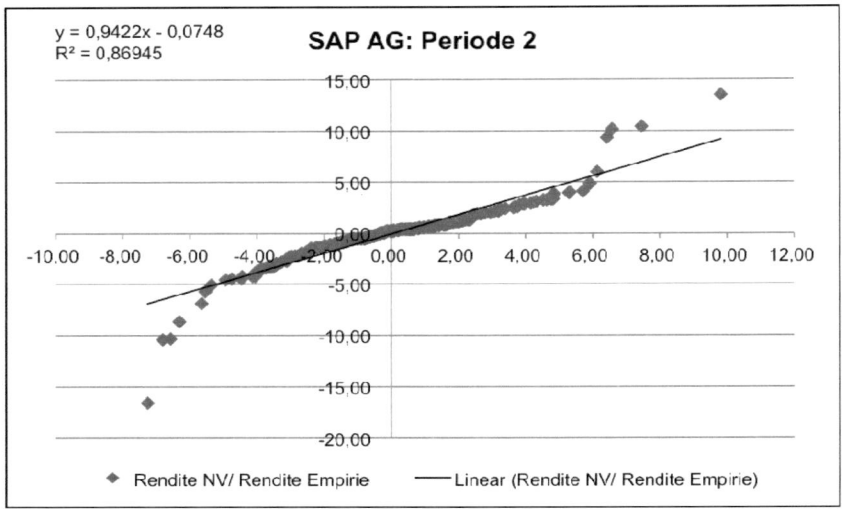

**Abbildung 68: NQ-Plot SAP AG: Periode 2**

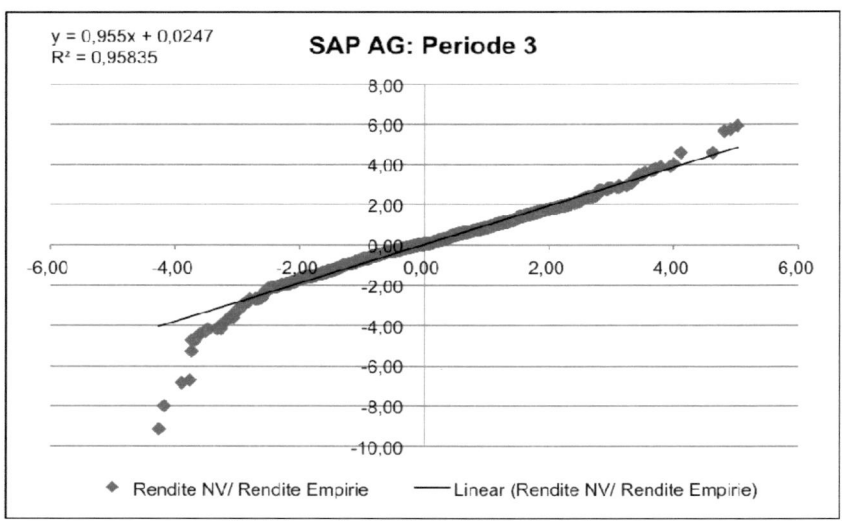

**Abbildung 69: NQ-Plot SAP AG: Periode 3**

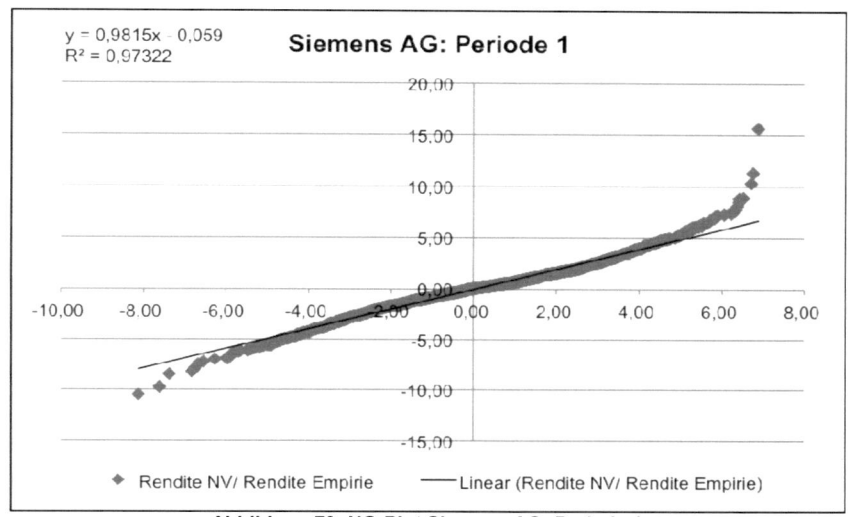

**Abbildung 70: NQ-Plot Siemens AG: Periode 1**

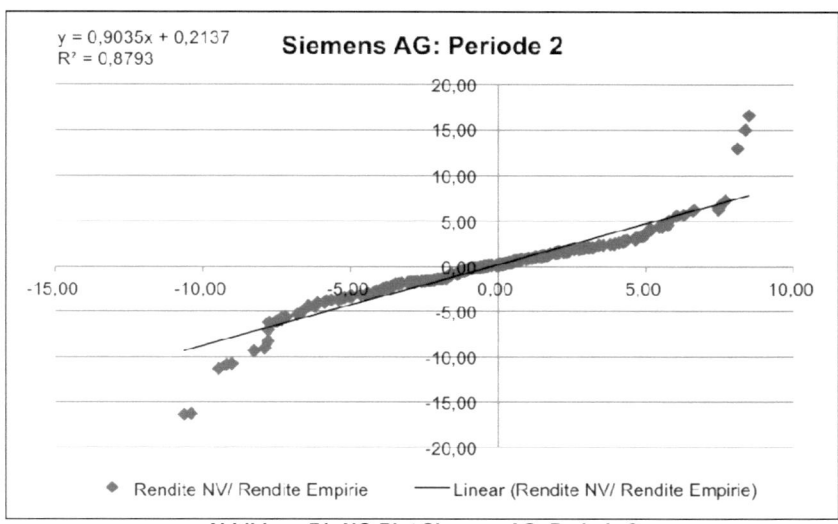

**Abbildung 71: NQ-Plot Siemens AG: Periode 2**

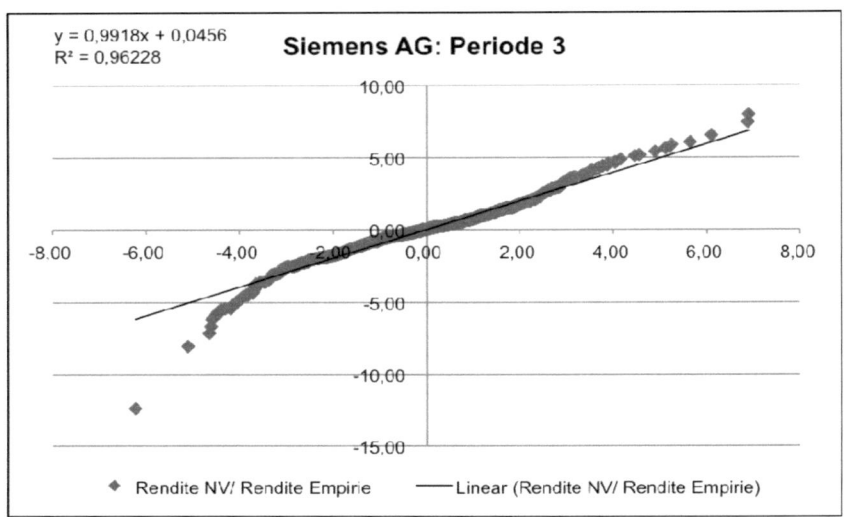

**Abbildung 72: NQ-Plot Siemens AG: Periode 3**

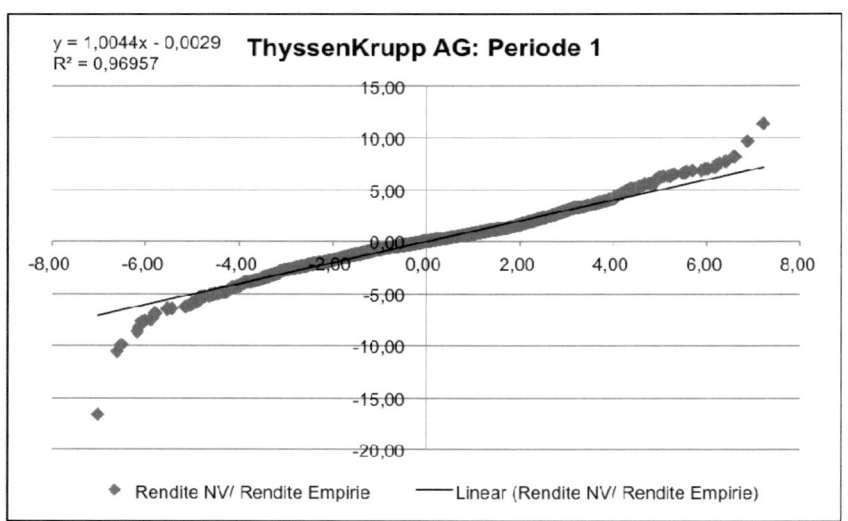

**Abbildung 73: NQ-Plot ThyssenKrupp AG: Periode 1**

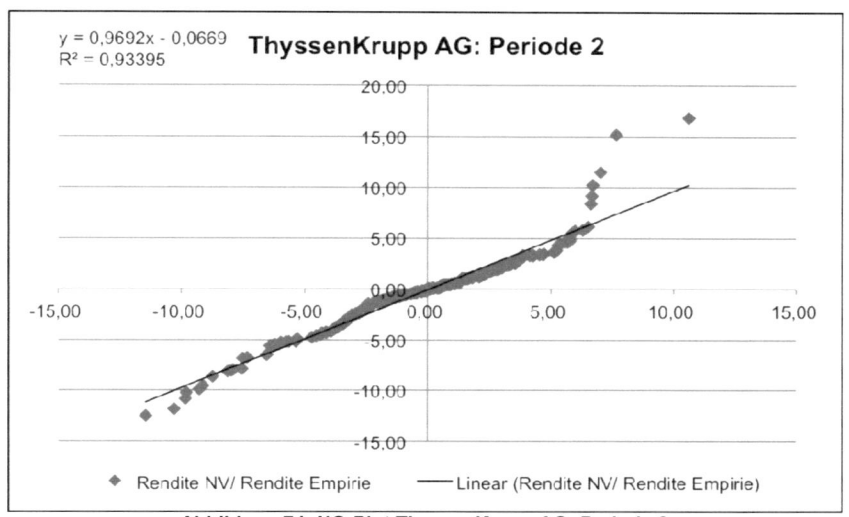

**Abbildung 74: NQ-Plot ThyssenKrupp AG: Periode 2**

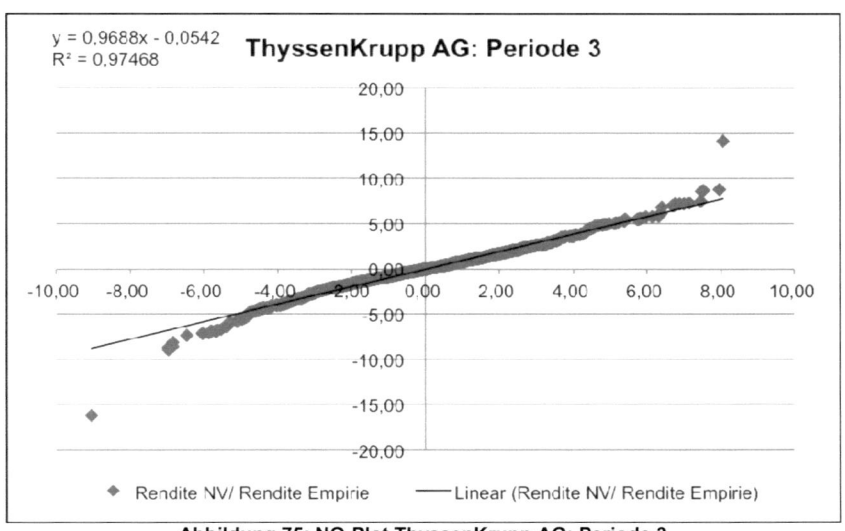

**Abbildung 75: NQ-Plot ThyssenKrupp AG: Periode 3**

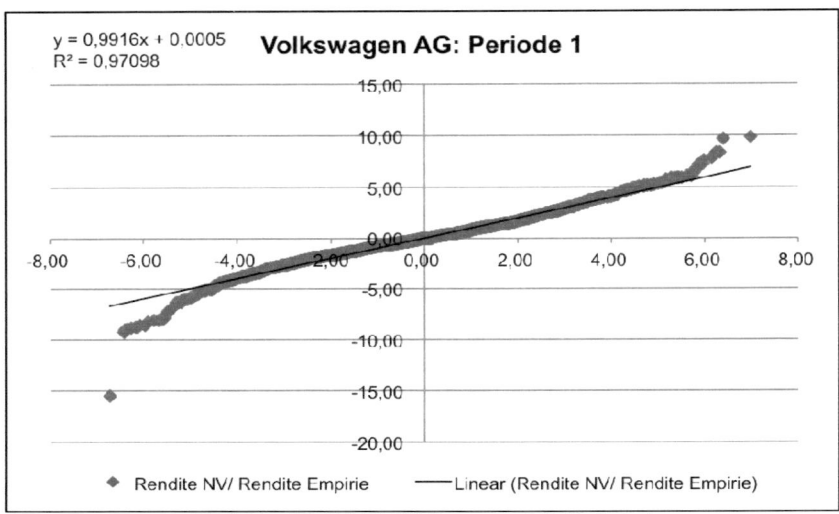

**Abbildung 76: NQ-Plot Volkswagen AG: Periode 1**

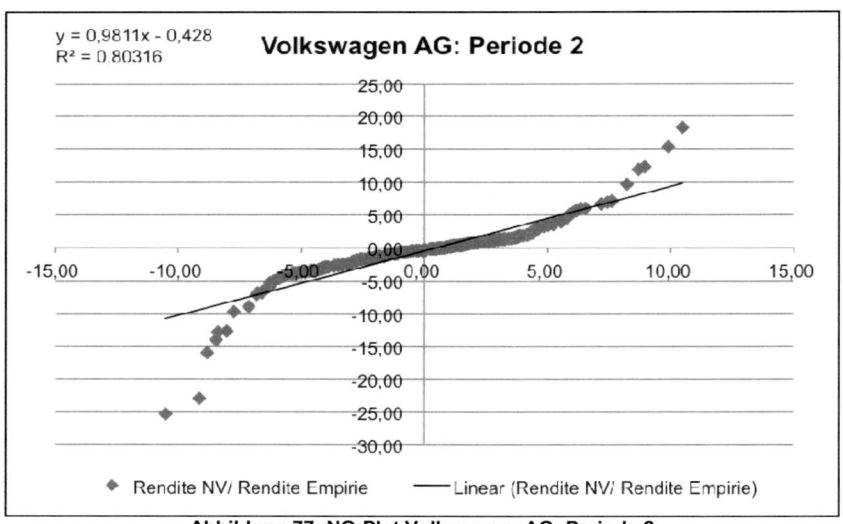

**Abbildung 77: NQ-Plot Volkswagen AG: Periode 2**

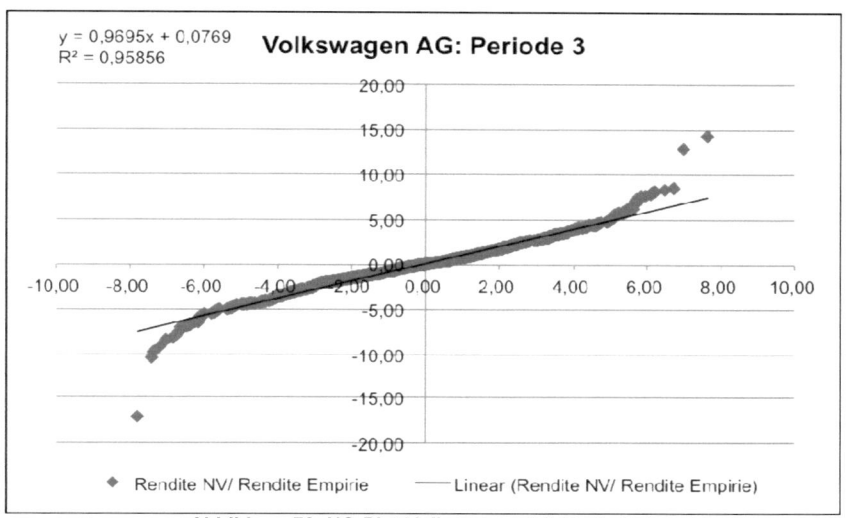
**Abbildung 78: NQ-Plot Volkswagen AG: Periode 3**

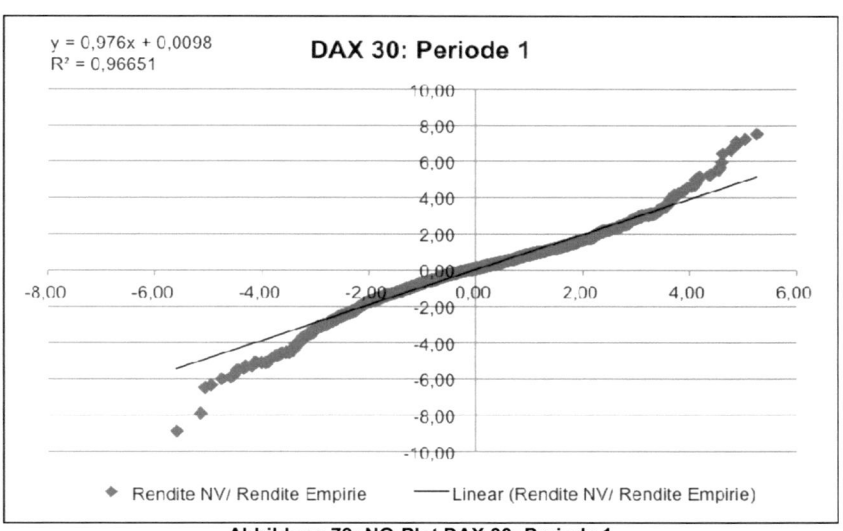
**Abbildung 79: NQ-Plot DAX 30: Periode 1**

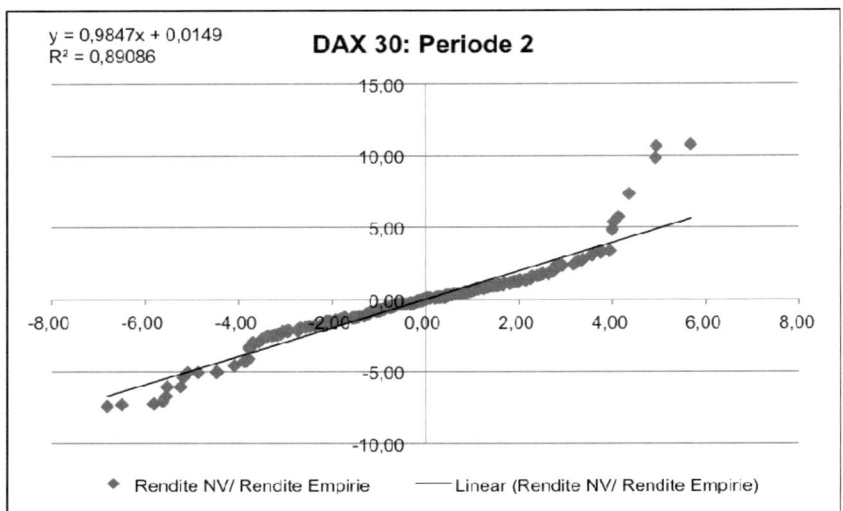

**Abbildung 80: NQ-Plot DAX 30: Periode 2**

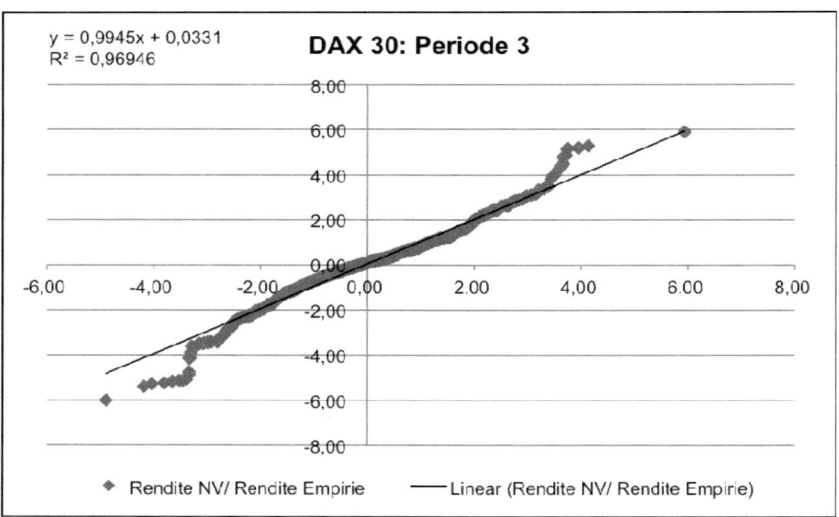

**Abbildung 81: NQ-Plot DAX 30: Periode 3**

*Exkurs*

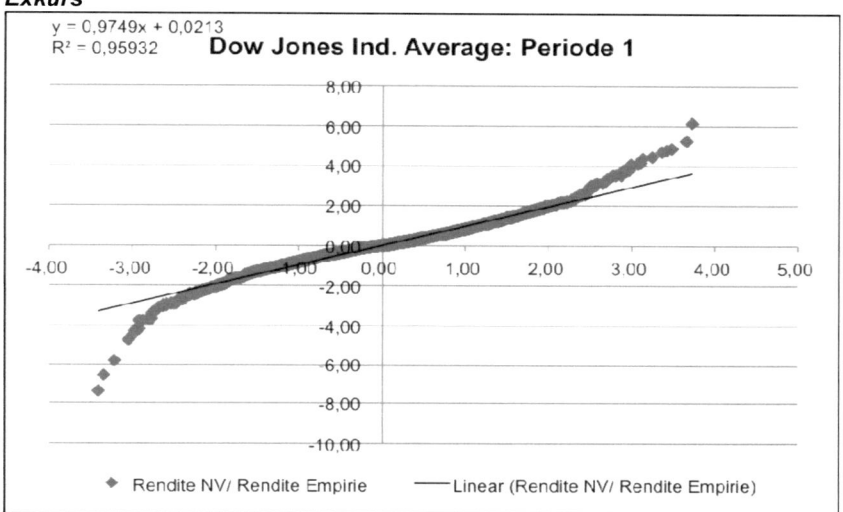

**Abbildung 82: NQ-Plot Dow Jones Ind. Average: Periode 1**

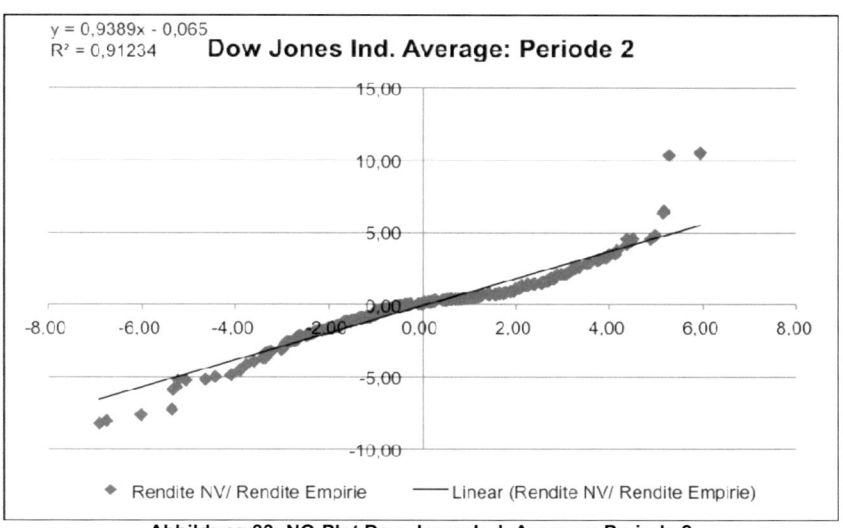

**Abbildung 83: NQ-Plot Dow Jones Ind. Average: Periode 2**

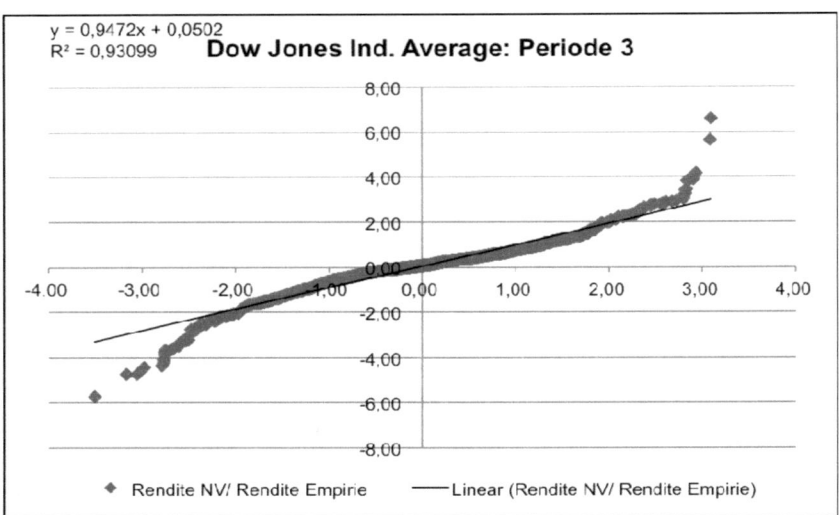

**Abbildung 84: NQ-Plot Dow Jones Ind. Average: Periode 3**

# Literaturverzeichnis

**Adelmeyer, Moritz/ Warmuth, Elke:** Finanzmathematik für Einsteiger: Von Anleihen über Aktien zu Optionen, 2., durchgesehene Auflage, Wiesbaden: Friedr. Vieweg & Sohn Verlag/ GWV Fachverlage, 2005

**Albrecht, Peter/ Maurer, Raimond:** Investmentund Risikomanagement: Modelle, Methoden, Anwendungen, 3., überarbeitete und erweiterte Auflage, Stuttgart: Schäffer-Poeschel Verlag, 2008

**Bernstein, William J.:** Die intelligente Asset Allocation: Wie man profitable und abgesicherte Portfolios erstellt, München: FinanzBuch Verlag, 2006

**Cleff, Thomas:** Deskriptive Statistik und moderne Datenanalyse: Eine computergestützte Einführung mit Excel, PASW (SPSS) und STATA, 2., überarbeitete und erweiterte Auflage, Wiesbaden: Gabler Verlag | Springer Fachmedien, 2011

**Duller, Christine:** Einführung in die Statistik mit Excel und SPSS: Ein anwendungsorientiertes Lehrund Arbeitsbuch, 2., überarb. Auflage, Heidelberg: Physica-Verlag, 2007

**Enthofer, Hannes/ Haas, Patrick (Hrsg.):** Handbuch Treasury: Praxiswissen für den Geldund Kapitalmarkt, 2. Auflage, Wien: Linde Verlag Wien, 2012

**Ernst, Dietmar/ Häcker, Joachim:** Applied international corporate finance, 2., komplett überarb. und erw. Auflage, München: Vahlen Verlag, 2011

**Fahrmeir, Ludwig/ Künstler, Rita/ Pigeot, Iris/ Tutz, Gerhard:** Statistik: Der Weg zur Datenanalyse, 7. Auflage, Berlin/ Heidelberg: Springer-Verlag, 2011

**Fischer, Thomas M./ Möller, Klaus/ Schultze, Wolfgang:** Controlling: Grundlagen, Instrumente und Entwicklungsperspektiven, Stuttgart: Schäffer-Poeschel Verlag, 2012

**Fricke, Jens:** Value-at-Risk Ansätze zur Abschätzung von Marktrisiken: Theoretische Grundlagen und empirische Analysen, Wiesbaden: Deutscher Universitäts-Verlag | GWV Fachverlage, 2006 (zugleich Dissertation Universität Osnabrück 2005)

**Frost, Ira:** Statistik für Wirtschaftswissenschaftler: Grundlagen und praktische Anwendungen, hrsg. von Markus Wessler, Renningen: Expert Verlag, 2012

**Fugger, Horst:** Börsen-Lexikon: Börsenwissen von A – Z, 2. unveränderte Auflage, München: FinanzBuch Verlag, 2007

**Gast, Christian:** Asset Allocation – Entscheidungen im Portfolio-Management: Dissertation der Wirtschaftswissenschaftlichen Fakultät der Universität Zürich zur Erlangung der Würde eines Doktors der Wirtschaftswissenschaften, Bern/ Stuttgart/ Wien: Paul Haupt Verlag, 1998 (zugleich Dissertation Universität Zürich 1998)

**Geiersbach, Karsten:** Der Beitrag der Internen Revision zur Corporate Governance: Eine ökonomische Analyse vor dem Hintergrund der Mindestanforderungen an des Risikomanagement bei Kreditinstituten (MaRisk), Wiesbaden: Gabler Verlag | Springer Fachmedien, 2011

**Handl, Andreas:** Multivariate Analysemethoden: Theorie und Praxis multivariater Analysemethoden unter besonderer Berücksichtigung von S-Plus, Berlin/ Heidelberg: Springer Verlag, 2002

**Hartung, Joachim/ Elpelt, Bärbel/ Klösener, Karl-Heinz:** Statistik: Lehrund Handbuch der angewandten Statistik, 14. Auflage, München: Oldenbourg Wissenschaftsverlag, 2005

**Hasler, Peter Thilo:** Aktien richtig bewerten: Theoretische Grundlagen praktisch erklärt, Berlin/ Heidelberg: Springer-Verlag, 2011

**Hatzinger, Reinhold/ Hornik, Kurt/ Nagel, Herbert:** R: Einführung durch angewandte Statistik, München: Pearson Studium, 2011

**Hirschbeck, Thomas:** Management von Handelsrisiken in Banken: Konzeption zur Erfassung und Steuerung der Marktpreisund Kreditrisiken aus Handelsgeschäften vor dem Hintergrund betriebswirtschaftlicher und aufsichtsrechtlicher Anforderungen, hrsg. von Manfred Steiner, Reihe: Finanzierung, Steuern, Wirtschaftsprüfung, Bd. 31, Köln: Botermann & Botermann Verlag, 1998 (zugleich Dissertation Universität Augsburg 1998)

**Holling, Heinz/ Schmitz, Bernhard (Hrsg.):** Handbuch Statistik, Methoden und Evaluation, Göttingen u.a.: Hogrefe Verlag, 2010

**Jansen, Jürgen/ Laatz, Wilfried:** Statistische Datenanalyse mit SPSS für Windows, 5., neu bearbeitete und erweiterte Auflage, Berlin/ Heidelberg: Springer-Verlag, 2005

**Kähler, Wolf-Michael:** Statistische Datenanalyse: Verfahren verstehen und mit SPSS gekonnt einsetzen, 7., aktualisierte Auflage, Wiesbaden: Vieweg + Teubner Verlag | Springer Fachmedien, 2011

**Kästner, Maik:** Risikomanagement im Mittelstand: Anforderungen und Ausge-
staltung quantitativer Risikosteuerung, hrsg. von Hermann Locarek-Junge/
Klaus Röder/ Mark Wahrenburg, Reihe: Finanzierung, Kapitalmarkt und Banken, Bd. 82, Lohmar/ Köln: Josef Eul Verlag, 2012 (zugleich Dissertation
Brandenburgische Technische Universität Cottbus 2012)

**Keller, Bernhard/ Schubarth, Andreas:** Quantitative Methoden und Modelle in
der Wirtschaft: Lehrbuch für Fachhochschulen, 3. Auflage, Norderstedt: Books
on Demand, 2011

**Martin, René:** Berechnungen in Excel: Zahlen, Formeln und Funktionen, 4.,
erweiterte Auflage, München: Carl Hanser Verlag, 2007

**Mewes, Wolfram E.:** Excel für Controller: Effektiv und pragmatisch Excel 2010
nutzen, München: Addison-Wesley Verlag, 2011

**Precht, Manfred/ Kraft, Roland/ Bachmaier, Martin:** Angewandte Statistik 1:
Beschreibende und Explorative Statistik Wahrscheinlichkeitsrechnung Zufalls-
variablen und Statistische Maßzahlen Wichtige Verteilungen Beurteilende
Statistik Vertrauensintervalle Hypothesentests Programmbeispiele in
MINITAB$^{TM}$, 7., durchgesehene Auflage, München: Oldenbourg Wissenschafts-
verlag, 2005

**Radke, Horst-Dieter:** Statistik mit Excel: Für Praktiker: Statistiken aufbereiten
und präsentieren, München: Markt + Technik Verlag, 2006

**Reitz, Stefan:** Mathematik in der modernen Finanzwelt: Derivate, Portfoliomo-
delle und Ratingverfahren, Wiesbaden: Vieweg + Teubner Verlag | Springer
Fachmedien, 2011

**Rudolph, Bernd/ Johanning, Lutz:** Entwicklungslinien im Risikomanagement, in: Lutz Johanning/ Bernd Rudolph (Hrsg.), Handbuch Risikomanagement: Risikomanagement für Markt-, Kreditund operative Risiken, 2000, S. 15-52

**Schira, Josef:** Statistische Methoden der VWL und BWL: Theorie und Praxis, 3., aktualisierte Auflage, München: Pearson Studium, 2009

**Steiner, Manfred/ Bruns, Christoph/ Stöckl, Stefan:** Wertpapiermanagement: Professionelle Wertpapieranalyse und Portfoliostrukturierung, 10., überarb. Auflage, Stuttgart: Schäffer-Poeschel Verlag, 2012

**Weber, Frithjof:** Modellrisiko bei Value-at-Risk-Schätzungen: eine empirische Untersuchung für den schweizerischen Aktienund Optionsmarkt, o.O.: o. Verlag, 2001 (zugleich Dissertation Universität Freiburg in der Schweiz 2001)

**Wolke, Thomas:** Risikomanagement, München: Oldenbourg Wissenschaftsverlag, 2007